Birger Petersen-Mikkelsen und Martin West
(Herausgeber)
Gabriel Josef Rheinberger
und seine Zeit

AF222456

EUTINER BEITRÄGE ZUR MUSIKFORSCHUNG
herausgegeben von Birger Petersen-Mikkelsen und Martin West

Band 2

Birger Petersen-Mikkelsen
und Martin West
(Herausgeber)

**Gabriel Josef Rheinberger
und seine Zeit**

Die Referate des Symposions
anläßlich der
15. Internationalen Orgelwochen
Eutin 2001

Eutin 2002

Titel: **Josef Rheinberger um 1880**
Fotografie von Franz Hanfstängl, München;
Stiftung Rheinberger (im Josef Rheinberger-Archiv, Vaduz)

CIP-Kurztitelaufnahme der Deutschen Bibliothek

Petersen-Mikkelsen, Birger / West, Martin (Hg.):
Gabriel Josef Rheinberger und seine Zeit / Birger Petersen-
Mikkelsen / Martin West (Hg.). –
Eutin 2002. (Eutiner Beiträge zur Musikforschung; Bd. 2)
ISBN 3-8311-3873-7

NE: GT

© Eutin 2002; alle Rechte liegen bei den Herausgebern.
Herstellung: Books on Demand GmbH, Norderstedt

ISBN 3-8311-3873-7

Inhaltsverzeichnis

Abkürzungen

A	Alt
AfMw	Archiv für Musikwissenschaft
B	Baß
Fs	Festschrift
Kb	Kongreßbericht
Mf	Die Musikforschung
MGG	Die Musik in Geschichte und Gegenwart (MGG²: Neuausgabe 1994 ff.)
Ms	Manuskript
MuK	Musik und Kirche
S	Sopran
T	Tenor

Vorwort

„Rheinberger ist ein wahres Ideal von Kompositionslehrer, der an Tüchtigkeit, Feinheit und Liebe zur Sache seines Gleichen in ganz Deutschland und Umgebung nicht findet, kurz, einer der respectabelsten Musiker und Menschen in der Welt."[1] Diese Lobeshymne stammt aus dem Mund eines echten Experten für die Musik seiner Zeit, die Musik des 19. Jahrhunderts: Es war Hans von Bülow, Wagner- und Brahms-Interpret und Intimus und schließlich bis 1869 Kollege Rheinbergers an der Königlichen Musikschule in München. Auf den zweiten Blick hat die kleine Laudatio Bülows allerdings einen bitteren Beigeschmack: Wen beschreibt Bülow hier eigentlich? Er bezeichnet Rheinberger als „wahres Ideal von Kompositionslehrer", als das Rheinberger sicherlich gelten kann und mag – sein Schülerkreis, der neben Wilhelm Furtwängler auch Engelbert Humperdinck oder Ermanno Wolf-Ferrari einschloß, war ebenso groß wie berühmt. Wieviel aber gilt Bülow der Komponist Gabriel Josef Rheinberger? Bülow beschreibt ihn einschränkend weiter als einen der „respectabelsten Musiker und Menschen in der Welt, womit ich jedoch seine Componistenunsterblichkeit noch nicht garantirt haben will, so hoch ich auch seine Leistungen in allen von ihm bisher betretenen Gebieten stelle"[2]. Vorsicht spricht aus den Worten Bülows – und zugleich die Gewißheit, daß es andere Zeitgenossen geben könnte, deren Ruhm in nicht allzu ferner Zukunft die Erinnerung an Rheinberger verblassen lassen wird.
Mit hundert Jahren Abstand und damit einem (wenn auch nach wie vor bruchstückhaften) Überblick über das musikalische Leben im Europa des 19. Jahrhunderts ist das zwischen den Zeilen lesbare Urteil Bülows zu einem Common-sense-Vorurteil geworden: Rheinberger wird als einer von vielen Komponisten der „zweiten Reihe" betrachtet und als solcher niemals – ebensowenig wie Ritter, Merkel, Cornelius oder Clara Schumann – den Olymp der ganz Großen erklimmen können. Billiges Vorurteil oder hartes Urteil der Geschichte?

---

[1] Hans von Bülow an Peter Cornelius, zit. nach Hans-Josef Irmen, *Gabriel Josef Rheinberger als Antipode des Cäcilianismus*, Regensburg 1970 (Studien zur Musikgeschichte des 19. Jahrhunderts, Band 22), S. 49.
[2] Ebd.

Wenn wir über Gabriel Josef Rheinberger[3] und seine Zeit sprechen, dann tun wir es vor dem Hintergrund einer überaus problematischen Rezeptionsgeschichte, die unkontinuierlicher kaum sein könnte: Nicht einmal in der Rheinberger-Stadt München existierte bis vor Jahren eine ungebrochene Rheinberger-Tradition, höchstens in seinem Geburtsland Liechtenstein ist die Auseinandersetzung mit seinem Schaffen immer – wenn auch hier nicht bruchlos – präsent gewesen. Die Musikwissenschaft scherte sich in der ersten Hälfte des 20. Jahrhunderts herzlich wenig um den Komponisten aus Vaduz, steckte sie doch selbst erst in den Kinderschuhen; die Spuren einer Auseinandersetzung sind dürftig. Erst Hans-Josef Irmens Arbeit von 1970 über Rheinberger als „Antipode des Cäcilianismus" stellte den Komponisten in ein Licht, das der kompositorischen Arbeit Rheinbergers zu der erhöhten Aufmerksamkeit verholfen hat, die ihr gebührt: Irmens Versuch, Rheinberger als Kirchenmusiker, vor allem aber als Komponisten in die Geschichte der Kirchenmusik des 19. Jahrhunderts einzuordnen und damit zugleich kirchenmusikalische Reform-bestrebungen Süddeutschlands im 19. Jahrhundert differenziert zu untersuchen, eröffnete einen Blick auf die historische Bedeutung Rheinbergers als wichtigem Vertreter einer dem Cäcilianismus entgegengesetzten Ästhetik. Zu den Studien Irmens gesellten sich bald auch die verdienstvollen Arbeiten Harald Wangers.

Mit dem der historischen Gestalt Rheinberger weitaus angemesseneren Blickwinkel wuchs auch das Interesse der Interpreten an einer Musik, die nicht länger nur als Alternative bzw. klassizistisches Gegengewicht zu Richard Wagner oder eben als praktikable Gebrauchsmusik eines randständigen Komponisten des ausgehenden 19. Jahrhunderts verstanden wurde. Es kann bei der Beschäftigung mit dem Oeuvre Gabriel Josef Rheinbergers allerdings – dies sei bereits jetzt herausgestellt – keineswegs um einen Teil wiederaufbereitete Heroengeschichtsschreibung gehen; diese Haltung ist dem Werk Rheinbergers weder in interpretatorischer Hinsicht noch im musikhistorischen Zusammenhang zuzumuten. Trefflich bemerkt Martin Weyer in einer Einführung zum musikgeschichtlichen Stellenwert Rheinbergers: „Was wäre das für ein Erdkundelehrer, der im Unterricht sagte: Berge unter 4000 m interessieren mich nicht! (Damit bekommt

---

[3] Die Form des Vornamens folgt in diesem Band nicht der Gesamtausgabe, sondern der Taufe des jungen Rheinbergers – seine Eltern gaben ihm den Namen Gabriel, sein Taufname war Josef; vgl. Matthias Schneider, *Kennen Sie Rheinberger?*, in: MuK 71 (2001), S. 359.

man nicht einmal die Alpen in den Griff.) Die Wirklichkeit, auch die in der Musikgeschichte, sieht anders aus ..."[4]

Das Symposion, das am 14. Juli 2001 in Eutin stattfand, wollte einen Beitrag leisten in dem Bemühen, das Leben und Wirken Rheinbergers in einen historischen Zusammenhang zu stellen und damit seinem Schaffen einen Platz in der Musikgeschichte zuzuweisen, der ihm gebührt. Hans-Josef Irmen konnte dafür gewonnen werden, in einem Einführungsvortrag seine Einsichten über die ästhetische Position Rheinbergers gegenüber dem im 19. Jahrhundert auftretenden Cäcilianismus darzulegen; sein Vortrag trägt den Titel *Josef Rheinberger und seine Zeit*. Mit den Beiträgen von Susan Lempert und Matthias Schlothfeldt wird der Blick auf die geistlichen Kompositionen Rheinbergers, der sich mit dem Eröffnungsvortrag einstellt, erweitert. Susan Lempert nimmt die Requiemvertonungen Rheinbergers, vor allem seinen letzten Beitrag zur Gattung mit dem Requiem d-Moll op. 194, unter die Lupe und zeigt formale und harmonische Gestaltungsmittel auf, um die Synthese aus solidem kompositorischen Handwerk und dem permanenten Streben nach Faßlichkeit und Schönheit des Klanges, die in dieser Komposition Rheinbergers exemplarisch untersucht sein mag, faßbar zu machen. Matthias Schlothfeldt widmet sich dem Verhältnis von Johannes Brahms und Josef Rheinberger – weniger dem persönlichen, als einem musikalischen Verhältnis: In seinem Referat werden zwei Werke von Brahms und Rheinberger untersucht, deren Satzanfänge von so auffälliger Ähnlichkeit sind, daß man geneigt ist, den einen der beiden des Plagiats zu bezichtigen.

Steht danach zwar die Gattung Orgelmusik, speziell die Orgelsonate, auf dem Prüfstand, so dreht es sich doch auch hier um den historischen Ort Rheinbergers im Rahmen einer wohlgeordneten Kirchenmusik. Matthias Schneider wird in seinem Beitrag mit einer Untersuchung von Themenbildung und Themenverarbeitung in den Sonaten Rheinbergers darstellen, daß die Anlehnung an Choräle, die in mehreren Sonaten offensichtlich ist, bzw. der choralartige Habitus so mancher Themenabschnitte keineswegs zufällig ist, sondern durchaus als „Programm" verstanden werden kann.

In seinem Beitrag *Formale Lösungen in den Finalsätzen der späten Orgelsonaten Rheinbergers* schließlich folgt Birger Petersen-Mikkelsen, ausgehend von der Faßlichkeitsdefinition Schönbergs, der Frage, ob die

---

[4] Martin Weyer, *Josef Rheinberger*, in: Gottesdienst und Kirche 3 (1988), S. 102.

immer wieder als Gruppe apostrophierten drei letzten Sonaten tatsächlich einen zusammengehörenden Corpus im Spätwerk Rheinbergers bilden und welche satztechnischen Kriterien eine Gruppenzugehörigkeit unterstreichen; zuletzt mag die Frage nach dem Klangideal des alt gewordenen Rheinbergers gestellt sein.

Gabriel Josef Rheinberger und seine Zeit – der Titel des Symposions benennt nicht nur den Komponisten und sein Werk, sondern auch seine Epoche. Wenn wir Rheinberger heute mit einem hundertjährigen Abstand als Vertreter des ausgehenden 19. Jahrhunderts, einer Epoche des aufkommenden Historismus, und als eigenwilligen, nicht unumstrittenen Komponisten seiner Zeit sehen, dann garantieren wir immer noch nicht seine „Componistenunsterblichkeit". Aber wir verweigern die Garantie vor einem anderen Hintergrund, als es einst Hans von Bülow tat: Wir beurteilen den Komponisten in Bezug auf seinen historischen Standpunkt, weniger im Vergleich, und in Hinsicht auf den Werkbestand.

Dank gilt den „Freunden der Kirchenmusik an St. Michaelis Eutin", die mit großem Engagement und großzügiger Förderung die Drucklegung der Referate ermöglichten, ebenso dem Nordelbischen Landesverband evangelischer Kirchenmusikerinnen und Kirchenmusiker in Deutschland und der Volksbank Eutin für ihre Unterstützung.

Eutin, im Juni 2002   Die Herausgeber

Hans-Josef Irmen

Josef Rheinberger und seine Zeit

Tradition und Fortschritt warfen in der zweiten Hälfte des 19. Jahrhunderts unterschiedlich scharfe Schatten. Während die Zukunftsmusiker der Neudeutschen Schule 1859 den Allgemeinen Deutschen Musikverein gründeten und die *Neue Zeitschrift für Musik* für ihre Zwecke nutzten, blieben die Konservativen ohne Organ und Organisation.

Gabriel Joseph Rheinberger aus dem Fürstentum Liechtenstein machte damals in München mitten unter Musikern, Malern und Dichtern von Rang als Komponist Karriere[1]. Er hielt eine traditionsträchtige Position im Streit um die Zukunftsmusik von Wagner und Liszt aufrecht. Mehr als sechshundert Kontrapunktschülern aus aller Welt – der letzte war Wilhelm Furtwängler – galt dieser nicht nur musikalisch gewitzte Kopf als unbestrittene Autorität. Kollegen, wie Hans von Bülow oder Peter Cornelius, schätzten und fürchteten ihn.

Rheinberger wurde am 17. März 1839 in Vaduz geboren. Er verlebte seine Kindheit in einer Zeit größter wirtschaftlicher Not. Bestimmenden Einfluß auf seine musikalische Entwicklung übte sein geistlicher Oheim Carigiet, der Sebastian Pöhly als Musiklehrer vorschlug. Pöhly war ein musikalischer Handwerksmeister und feinsinniger Pädagoge von besonderer Begabung, der Rheinberger in das Klavier- und Orgelspiel und die Anfangsgründe der Musiktheorie einführte.

Das Cäcilienfest 1848 brachte die entscheidende Wende in Rheinbergers Leben. Beim Quartettspiel in Vaduz lernte der Neunjährige den Chorregenten Philipp Schmutzer aus Feldkirch kennen, der seine überragende Begabung erkannte und ihn in Harmonielehre unterrichtete, so daß der 12 1/2-jährige im Oktober 1851 in Begleitung seines ältesten Bruders nach München reisen konnte, um dort am Hauserschen Konservatorium seine musikalische Ausbildung fortzusetzen und abzuschließen.

München, Haupt- und Residenzstadt des Königreiches Bayern, zählte 1850 ca. 160 000 Einwohner, darunter ca. 10 000 Protestanten und 2000 Juden, alle übrigen bekannten sich zur römisch-katholischen Kirche. Auf dem Münchner Stadtplan bieten Rheinbergers Wirkungsstätten ein eindrucksvolles Ensemble bedeutender Bauten.

---

[1] Vgl. zum Folgenden Elisabeth und Hans-Josef Irmen, *Gabriel Josef Rheinberger und Franziska von Hoffnaaß. Eine Musikerehe im 19. Jahrhundert*, Zülpich 1990.

An erster Stelle steht die königliche Residenz. Südlich von ihr wurde 1837 die Allerheiligenhofkirche von Klenze erbaut, in der Rheinberger als Hofkapellmeister Dienst tat.

Der neueste Teil der Residenz ist der 1832-42 am Hofgarten im Prachtstil Palladios von Klenze aufgeführte Festsaalbau. In den Sälen des Erdgeschosses befinden sich die enkaustischen Wandgemälde aus der Odyssee. Im oberen Geschoß liegt der große Ballsaal, dessen Tanzmusik zuweilen in Rheinbergers zweihundert Meter südlich gelegene Wohnung in der Fürstenstraße drang.

An den Festsaalbau schließen sich die Arkaden des Hofgartens mit Fresken aus der bayerischen Geschichte an. Im Café unter den Arkaden des Hofgartens studierte Rheinberger täglich seine Zeitungen.

Sonstige ausgezeichnete Gebäude sind: die im florentinischen Palaststil erbaute Staatsbibliothek in der Ludwigstraße mit einer Million Bänden, vierundzwanzigtausend Handschriften und zehntausend Inkunabeln. In der Musiksammlung, die Rheinbergers Lehrer Julius Joseph Maier als Custos betreute, deponierte der Komponist am Ende seines Lebens seinen musikalischen Nachlaß.

Wichtig ist das 1823-25 nach Fischers Plänen erbaute Hof- und Nationaltheater, das 2500 Personen faßt, wo neben Wagners Werken auch Rheinbergers Opern auf die Bühne kamen; ferner die Universität. 1835-40 im mittelalterlich italienischen Stil von Gärtner erbaut; mit einem schönen Treppenhaus und einer großen und kleinen Aula, beherbergte sie ca. 1200 Studenten und etwa 120 Professoren. Sie ernannte Rheinberger zum Ehrendoktor.

Besonderen Glanz verliehen der Stadt die berühmten Galerien, die Rheinberger bilderhungrig gerne besuchte: die Alte Pinakothek, die Neue Pinakothek und die Glyptothek.

Das Odeon, 1828 von Klenze erbaut, bestand aus mehreren von Anschütz, Kaulbach und Eberle mit Deckengemälden geschmückten Sälen, in dem öffentliche Konzerte, Aufzüge und Faschings-veranstaltungen durchgeführt wurden. Hier trat Rheinberger als Pianist und Dirigent ungezählte Male auf.

Unter den Sakralbauten sind neben der Dom- oder Frauenkirche, mit ihren zwei imposanten Türmen das Wahrzeichen der Stadt, für Rheinberger vor allem drei Kirchen wichtig:

Die Ludwigskirche: Hier wurden zahlreiche Werke Josef Rheinbergers uraufgeführt, darunter das Requiem op. 60.

Die Michaelshofkirche: Hier versah Rheinberger das Amt des Organisten; für diese Kirche stiftete Franziska von Hofnaaß testamentarisch eine große, neue Orgel.

Die Theatinerhofkirche zum hl. Cajetan: mit der Fürstengruft unter dem Hochaltar, hinter dem die Hofkapelle ihre musikalischen Dienste tut. Hier begann Rheinberger sein Wirken als ‚Kgl. bayerischer Organist mit 60 Gulden Gehalt'.

Seinen vor allem in der ersten Hälfte des 19. Jahrhunderts entstandenen Prachtbauten, den erlesenen Gemäldesammlungen der Alten und Neuen Pinakothek, den reichen Haus-, Staats- und Landesarchiven, den ägyptischen und römischen Altertümern, den ethnographischen und historischen Kuriositäten, seiner Glasmalereianstalt und Erzgießerei verdankt die bayerische Metropole den Beinamen Isar-Athen.

Viele Künstler, vor allem Bildhauer und Maler, kommen im zweiten Viertel des Jahrhunderts voller Erwartung nach München, dessen Faszinationskraft Gottfried Keller im *Grünen Heinrich* verklärt. Mancher beginnt hier seine Karriere, nicht wenigen bietet das Isar-Athen die Kulisse für den Gipfelpunkt ihres Schaffens. Zahlreiche Künstler und Begebenheiten wären zu nennen; zwei Malern von Rang ist Rheinberger verpflichtet: Moritz von Schwind (1807-1871) und Carl von Piloty (1826-1886).

Schwind vollendet 1857 seinen Aquarellenzyklus „Die sieben Raben". Rheinberger, dessen Begabung der hochmusikalische Schwind früh erkennt, ist von diesem Werk fasziniert. Es kommt zu fruchtbarer Anregung, und der Komponist schreibt sein erstes Werk für die Bühne, eine Märchenoper: „Die sieben Raben". Maler Schwind fehlt in keiner Erstaufführung von Rheinbergers Werken, freundschaftlich zollt man einander Anerkennung.

Schwind ist der Lordsiegelbewahrer einer idealistischen romantischen Tradition, die sich in der Jahrhundertmitte bereits überlebt hat, die aber sein Werk gekonnt und liebevoll bewahrt. In München lösen die ersten Kunstausstellungen mit geschichtlich thematisierten Werken französisch-belgischer Provenienz in den vierziger Jahren den Anstoß zu einer neuen Bildgestaltung aus. Zum ersten Mal wird dem Betrachter ein historischer Stoff mit psychologisch motivierten Verhaltens- und Ausdrucksmustern nachvollziehbar gemacht und darauf effektvoll die koloristische Technik abgestimmt.

In dieser Situation trifft Carl von Piloty mit seinem Gemälde „Der Astrolog Seni an der Leiche Wallenstein" an die Öffentlichkeit, ein sensationeller Durchbruch zu einem neuen realistisch-koloristischen Stil. Alles entspricht hier der aktuellen Erwartungshaltung: die Begeisterung für Schiller, die große, historisch bedeutende Gestalt

Wallensteins als Bildthema, die aus dem vollen schöpfenden malerischen Kunstmittel und nicht zuletzt die deklamatorische Mache. Ach in weiteren Werken stellt Piloty Schillers Wallenstein thematisch in den Mittelpunkt: Die Kapuzinerpredigt hält er in der „Szene vor der Schlacht am weißen Berge, den 6. November 1620" fest, und die tragische Figur des Friedländers beherrscht statuarisch düster „Wallensteins Zug nach Eger".

Es steht außer Zweifel, daß der Maler Carl von Piloty mit diesen Werken den Musiker Joseph Rheinberger zur Komposition seiner „Wallenstein-Sinfonie", op. 10, anregte. Dieses erste bedeutende Werk Rheinbergers für großes Orchester trägt den Untertitel: „Sinfonisches Tongemälde". Die programmatischen Bezüge liegen auf der Hand. Im Scherzo stimmen Flöten und Oboen „Wihelmus von Nassaue" an, ein niederländisches Reiterlied aus der Reformationszeit, und das Trio ist betitelt: „Kapuzinerpredigt". Nicht weniger als achtzehn Zeichnungen Pilotys befanden sich im Besitz des Ehepaares Rheinberger, als Legat seiner Frau übereignete der Komponist sie 1893 den Staatlichen Graphischen Sammlungen in München.

Rheinberger hat Piloty mit Blick auf den Primat des Technischen mit Liszt verglichen. Liszts Idee der sinfonischen Dichtung mit ihrem zumeist poetischen Gehalt findet in Rheinbergers Orchesterwerk eine Variante; der Komponist wird – wie Liszt 1857 in seiner „Hunnenschlacht nach Kaulbach" – synästhetisch durch Bildeindrücke fürs Komponieren motiviert, so wie auf der anderen Seite sich Piloty spontan durch Hermann Linggs Gedichte zum Zeichnen aufgefordert fühlt.

Unter den Vereinigungen von Münchner Dichtern und Gelehrten der Spätromantik und Biedermeiers ist vor allem die *Zwanglose Gesellschaft* zu nennen, die 1837 gegründet worden war. In ihr versammelten sich in den fünfziger und sechziger Jahren des 19. Jahrhunderts fast die gesamte geistige Elite Münchens: Der Pflege von Kunst und Wissenschaft zugeneigt, stand die Gesellschaft ganz in der spätromantischen Tradition von Uhland und Kerner und lehnte die politisch-polemischen Tendenzen des Jungen Deutschland entschieden ab.

In dieser Vereinigung fand Joseph Rheinberger Freunde, hier und in der von den Dichtern um König Max II. 1865 gegründeten Gesellschaft *Krokodil*, die sich wöchentlich im Café München, später im Café Daburger versammelte, um aus neuen Werken zu lesen und darüber zu diskutieren; hier also finden wir die Namen der Textdichter, die Rheinberger später bevorzugt vertonte.

4

Sie zählen zum Münchner Dichterkreis; unter ihnen Emanuel Geibel (1815-1884) und Paul Heyse (1830-1914), dessen Gedicht „Das Tal des Espingo" Rheinberger komponierte.

Auf die musikalischen Theaterverhältnisse, in denen Rheinberger in München aufwuchs, wirft die jährliche Statistik der Hoftheaterintendanz Licht:

In der Liste der aufgeführten Opernkomponisten finden wir Auber, Beethoven, Bellini, Boieldieu, Cherubini, Cimarosa, Donizetti, Flotow, Gluck, Grétry, Halévy, Kreutzer, Lachner, Lortzing, Marschner, Méhul (Jakob, Schatzgräber, Die beiden Füchse), Meyerbeer (Prophet 6mal), Mozart (Cosi fan tutte 1mal, Der Schauspieldirektor 3mal), Rossini, Spontni, Verdi (Nabucco), Weber, Weigl, von denen Mozart vor Meyerbeer und Méhul am häufigsten gespielt wird.

In der Gesamtzahl von 233 Vorstellungen im Jahre 1853 wurden 145 Schauspiele und Possen, 119 Opern und Singspiele und 22 Ballette gegeben. Zum ersten Male aufgeführt wurden 21 Werke, darunter „Richard II." von Shakeseare, und die Opern „Sacontala" von Perfall und „Faust" von Spohr. Ein zeitgenössischer Kritiker vermißt neuere Opern, namentlich Wagners „Tannhäuser".

Die Trias der Klassiker Haydn – Mozart – Beethoven bildete in München das Fundament des Konzertlebens in dieser Zeit. Diese Anschauung hatte Franz Lachner (1803-1890) kräftig unterstützt, er wirkte in München fast dreißig Jahre als Opernchef, Leiter der Konzerte der Musikalischen Akademie und, im Dienste der Kirchenmusik, als Dirigent der Kgl. Vokalkapelle. 1852 wurde Lachner Generalmusikdirektor. Auf dem Zenit seines Ruhms lernte ihn Rheinberger als Dirigenten von Rang kennen und erlebte unter seiner Leitung die Münchner Erstaufführung der „Missa solemnis" von Beethoven.

Lachner erteilte Rheinberger Kompositionsunterricht und führte ihn auf traditionelle Pfade.

1864 änderte sich die Münchner Szene schlagartig. Richard Wagner trat auf den Plan. „Der fliegende Holländer" sollte gegeben werden. Lachner stand dem Werk kühl gegenüber. Als die Korrepetitoren den Klavierauszug für unspielbar erklärten, setzte sich Rheinberger ans Klavier und donnerte die Ouverture einen Halbton nach oben transponiert herunter. Rheinberger war damals Solo-Repetitor am

Münchner Hoftheater, er arbeitete bei der Einstudierung des Tristan mit, der 1865 in München uraufgeführt wurde[2].

Drei Jahre blieb Rheinberger am Münchner Hoftheater, mehr als 60 Opernwerke hat er einstudiert. Dann wandte er sich endgültig seiner Lehrtätigkeit an der Kgl. Musikschule zu. Er unterrichtet 14 Stunden in der Woche in der Zweigen der musikalischen Theorie (Kontrapunkt etc.) und drei Stunden Orgel.

Tags nach der Münchner Erstaufführung des „Fliegenden Holländer" hatte Rheinberger bereits die Leitung des Münchner Oratorienvereins übernommen[3].

Damit ist sein Arbeitskreis bis an sein Lebensende beschrieben.

Die Leipziger Bachschule und die Münchner Lokaltradition als Einflußsphären für Rheinberger[4]

Rheinbergers kirchenmusikalisches Wirken in München, seine Tätigkeit als Organist, Dirigent und Komponist ist unzertrennbar verbunden mit der Entwicklung der katholischen Kirchenmusik in Süddeutschland und nicht zuletzt bedingt durch seine musikalische Ausbildung. Denn mit Philipp Schmutzer, seinem Feldkircher musikalischen Lehrmeister, begegnete Rheinberger bereits einer Schule, die für seine Gesamthaltung späterhin von Bedeutung werden sollte. Schmutzer, selbst Absolvent des Prager Konservatoriums, unterrichtete nach der Harmonie-, Generalbaß- und Kontrapunktlehre von Dionys Weber (1760-1842), der ein Schüler des Abbé Vogler und mitbegründender Direktor des Konservatoriums in Prag war. Eben derselben Schule entstammte aber auch Franz Hauser, in dessen Konservatorium Rheinberger 1851 in München eintrat. Die hier erstmals auftauchende Gestalt des Abbé Vogler sollte späterhin für Rheinberger und die Reform der Kirchenmusik von Bedeutung sein.

---

[2] Vgl. Hans-Josef Irmen, *Richard Wagner und die öffentliche Meinung in München bis zur Uraufführung des Tristan*, in: Carl Dahlhaus (Hg.), *Richard Wagner. Werk und Wirkung*, Regensburg 1971 (Studien zur Musikgeschichte des 19. Jahrhunderts Band 26), S. 127-146.

[3] Vgl. zum Folgenden Hans-Josef Irmen, *Das Oratorium in München und der Münchner Oratorien-Verein*, in: Günther Massenkeil, Klaus Wolfgang Niemöller und Walter Wiora (Hg.), *Religiöse Musik in nicht-liturgischen Werken von Beethoven bis Reger*, Regensburg 1978 (Studien zur Musikgeschichte des 19. Jahrhunderts Band 51), S. 233-246.

[4] Vgl. zum Folgenden Hans-Josef Irmen, *Gabriel Josef Rheinberger als Antipode des Cäcilianismus*, Regensburg 1970 (Studien zur Musikgeschichte des 19. Jahrhunderts Band 22).

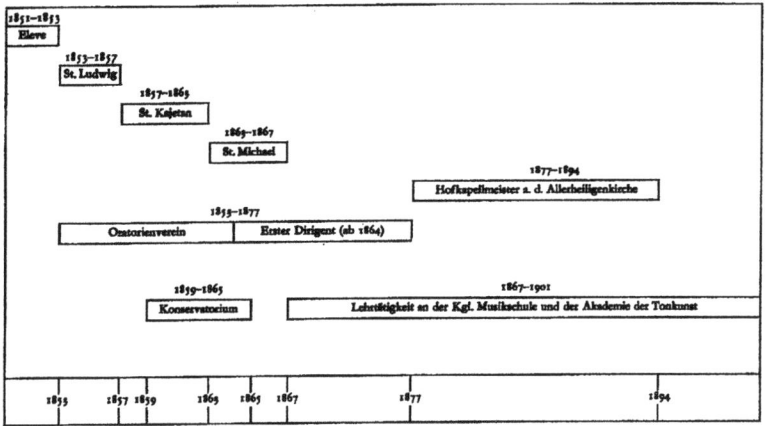

Rheinbergers Wirkungskreis in München
1851-1901

Hausers Name bezeichnet bereits eine weitere Verbindung, nämlich die zu Moritz Hauptmann und der Leipziger Bachschule, deren Vertreter Julius Joseph Maier und Emil Leonhard, der eine als Kontrapunktlehrer, der andere als Pianist und Komponist, das Gesicht des Konservatoriums in München wesentlich prägten. Rheinberger wurde beider Schüler und empfing hier die ersten Eindrücke der Kontrapunktschule Johann Sebastian Bachs.

J. E. Leonhard aber, der sich mit besonderer Sorgfalt der kompositorischen erstlinge Rheinbergers annahm, war als Komponist derjenige, der in seinem Oratorium „Johannes der Täufer" (1854) den Klang des Bachschen Oboen- und Trompetenorchesters wiedererweckt hatte. Die Theoretiker und Praktiker der Bachschen Schule, Maier und Leonhard, ergänzte J. G. Herzog, Rheinbergers Orgellehrer, von der Seite des Organisten. Auf Herzogs Anregung hin entstanden zahlreiche Präludien und Fugen für die Orgel, und die erste Orgelsonate Rheinbergers, op. 27, nach der endgültigen Zählung, läßt noch das Bachsche Vorbild deutlich erkennen.

Wenn Rheinberger als Lehrer etwa Bachs Wohltemperiertes Klavier als „die Grundsäule der ganzen Musikliteratur" deklarierte und das Fugenschreiben als unerläßlich für die Schulung des musikalisch-logischen Denkens ansah, so ist die Grundlegung dieser Musikanschauung den angeführten Vertretern des Hauserschen Konservatoriums zuzuschreiben.

Neben der nach München verpflanzten Leipziger Bachschule beeeinflußte jedoch vor allem die lokale Münchner kirchenmusikalische Tradition Rheinbergers musikalischen Standpunkt im aktuellen kunstpolitischen Streit um die Musica sacra.

Hier liegen die Beziehungen klar zu Tage. Die beiden wesentlichen Traditionsträger, Franz Lachner und Emil von Schafhäutl, waren Rheinbergers Mentoren und Lehrer, mehr noch, Schafhäutl hat vom Beginn seiner Begegnung mit dem jungen Rheinberger an diesen systematisch und konsequent zum Erben der kirchenmusikalischen Reformgedanken erzogen. Rheinberger wuchs auf diese Weise mit natürlicher Selbstverständlichkeit in den kirchenmusikalischen Traditionen Münchens auf. Schafhäutl, im Rezensentengewand des Pseudonyms Pellisov unermüdlich bis ins hohe Alter für die Erhaltung und Weiterführung der ursprünglichen Gedanken der kirchenmusikalischen Reform gegen die Cäcilianer eintretend, durfte in Rheinberger denjenigen sehen, der durch sein künstlerisches Wirken die Tradition weiterhin lebendig erhalten konnte, eine Möglichkeit, die er über das Konservierende seiner eigenen schriftstellerischen Bemühungen hinaus auf die Dauer als einzig überzeugend erachtete.

Die Entwicklung der Kirchenmusik an den Münchner Hofkirchen zu St. Michael, St. Cajetan und Allerheiligen läßt folgende Zusammenhänge erkennen:

Die ersten und entscheidenden Impulse einer kirchenmusikalischen Reform gingen von der St. Michaelskirche aus. Hier legten Caspar Ett und Joh. Baptist Schmid 1804 beginnend den Grundstein für eine Erneuerung der Kirchenmusik aus dem Geist und den Erfordernissen der Liturgie. Ihre Arbeit trat 1816 mit der ersten exemplarischen Aufführung des „Miserere" von Allegri in Deutschland öffentlich in Erscheinung. Zweck der Restauration unter musikalischem Aspekt war die Wiederbelebung der „großen, klassischen Compositionen des 16. und 17. Jahrhunderts" für den kirchlichen Gebrauch. Ergänzend kamen dazu Instrumentalwerke, die „der Prüfstein der Zeit als groß und vortrefflich im kirchlichen sowohl als musikalischen Sinne erhalten hat". Das altklassische Ideal war Orlando di Lasso, das klassische Michael Haydn; zwischen beiden wurde „anerkannten Meisterwerken" aller Stilgattungen ein breiter Spielraum gelassen.

Die wesentlichen Gesichtspunkte der Reform waren:

1. Ausschalten liturgiefremder Elemente aus dem musikalischen Teil des Gottesdienstes,

2. Dienstbarwerden der Musik unter höchstem künstlerischen Aspekt,

3. Rückbesinnung und Wiedereinsetzen der besten kirchenmusikalischen Traditionen Münchens.

Ett und Schmid verdienten unter diesen Aspekten jeder das Prädikat: „Musicae divinae restaurator ingeniosissimus et Custos paternarum traditionum".

Am Münchner Hof griffen Johann Kaspar Aiblinger und Joseph Hartmann Stuntz 1826 die Anregungen der Initiatoren Ett und Schmid auf. In den Jahren nach 1833 bereicherte Aiblinger die Darbietungen in der Allerheiligenhofkirche um eine wachsende Zahl palestrinensischer Werke. Mit der Vollendung der Allerheiligenhofkirche und ihrer auf die Vokalkapelle bezogenen Musikchorgestaltung wurde dem A-cappella-Ideal Vorschub geleistet.

Breitenwirkung blieb den Münchner Reformern mangels geeigneter publizistischer Mittel versagt. Ihr Einfluß schwand mit dem Rückgang des Leistungsniveaus ihrer musikalischen Institutionen. Bedeutsamen Niederschlag fand ihr Werk allein in dem in ihrem Einflußbereich entstehenden kirchenmusikalischen Werken. Ett schrieb als erster unter dem Eindruck der Vorbilder des Stile antico A-cappella-Werke und Instrumentalkompositionen, die den liturgischen Ort berücksichtigen.

Angeregt durch unmittelbare italienische Einflüsse folgten Aiblinger und Stuntz seinem Beispiel.

Die Entwicklung der Vertonung des Ordinariums und des Propriums der katholischen Meßfeier nimmt im 19. Jahrhundert in München zwei entgegenlaufende Wege:

1. Bedingt durch liturgische Erfordernisse wird die solenne Form der Mannheim-Wiener Messe im Instrumentalpart reduziert. Das dekorative Element tritt zurück, Violinen und Oboen wird ein Tacet geboten. Bässe, Holzbläser und Hörner verbleiben. Unter Einsparungserwägungen wird der verbleibende Instrumentalpart der stets zur Klangverbreiterung herangezogenen Orgel allein übertragen. Generalbaßmanieren treten erneut in den Vordergrund. Die Entwicklung des Orgelbaus, vor allem die Verstärkung der Orgel durch die Voglerschen „akustischen Bässe", macht mitlaufende Streichbässe überflüssig. Die Orgel übernahm zunächst obligat, dann ad libitum die Vertretung der Instrumente. Das Ergebnis dieser Entwicklung war im Extrem die A-cappella-Manier, welche, von der Praxis diktiert, in der orgelbegleiteten Form sich darbot.

2. Mit dem zur Verfügung stehenden Personal erwies sich eine reine A-cappella-Praxis, die im Rückgriff auf das 16. und 17. Jahrhundert als Aufführungsideal mißverstanden wurde, als undurchführbar. Zur

Stütze des Chores wurden Streichbässe verwendet. Bläser wurden zu Colla-Parte-Stützfunktionen eingesetzt, schließlich verblieb die stets zur Klangfüllung eingesetzte Orgel als einziges Begleitinstrument. Von der Praxis diktiert, entstand auch hier die orgelbegleitete Form der liturgisch angemessenen Kirchenmusik.

Wie die Darstellung der Kirchenmusik an den Münchner Hofkirchen erweist, ist Josef Rheinberger mannigfach mit den Reformbemühungen während seines Studiums und seiner Tätigkeit als Organist und Hofkapellmeister in Berührung gekommen; mehr noch, er war mit diesen Tendenzen vertraut und in diese Entwicklung verwoben, präzis erweist er sich als der letzte Vertreter einer 50jährigen Restauration.

Der Versuch einer Zusammenschau der Ideen, die durch Lehrer, Mentoren und Milieu repräsentiert auf Rheinberger einwirkten, läßt erkennen, daß in Rheinberger einem Fokus gleich zahlreiche Entwicklungslinien und Einflußsphären konvergieren, die den beiden Hemisphären lokaler Tradition und Leipziger Bachschule entstammen, Dies mag die folgende schematische Darstellung zeigen.

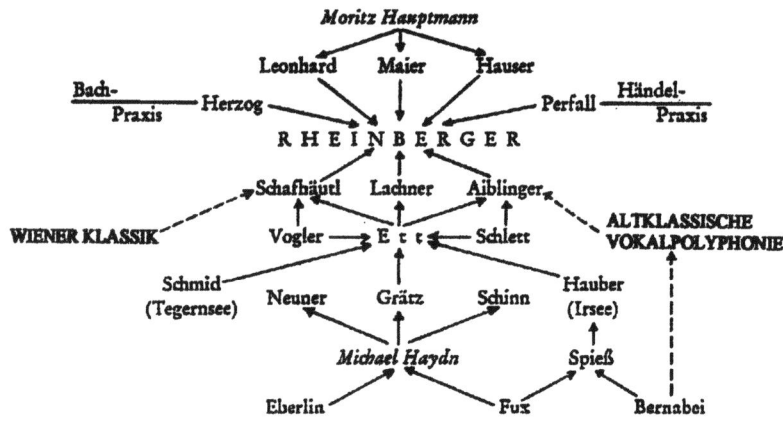

Neben der kompositorischen Tätigkeit, die für Rheinberger stets im Vordergrund stand, umfaßte sein Münchner Wirkungskreis in den zehn Jahren nach der Gründung der Musikschule (1867) die Aufgaben als

Kontrapunkt- und Orgellehrer und die Leitung des Oratorienvereins, die bis 1877 in seiner Hand blieb. Eine Modifikation dieses Aufgabenbereiches ergab sich allein aus der Entwicklung der Kgl. Musikschule.

Mit dem Ende des Schuljahres 1869 hatte Hans von Bülow die Direktion der Anstalt definitiv niedergelegt und Rheinberger „als artistischen Direktor vorgeschlagen". Als „halbseitiger Direktor" hatte Rheinberger nun entscheidenden Anteil an der künstlerischen Leitung der Musikschule.

Im Jahre 1874 änderte sich jedoch der Status der Musikschule. Vom 1. Oktober dieses Jahres an wurde das bisher aus der Kgl. Kabinettskasse dotierte und der Kgl. Hofintendanz untergeordnete Institut auf Staatsfonds übernommen und in eine Staatsanstalt umgewandelt. Rheinberger wurde mit allen Rechten und Pflichten seiner Stellung Kgl. Professor im Staatsdienst und hatte als Inspektor die artistische Kontrolle über die Klavier- und Musiktheorieschule zu führen.

In der Harmonielehre unfaßte der Unterricht
- „Rekapitulation der allgemeinen Musiklehre;
- Lehre von den Accorden und ihren Fortschreitungen;
- Modulationslehre und praktische Übungen."

Die musikalische Theorie als Spezialfach gliederte sich analog dem bisherigen Unterrichtsplan in zwei Klassen. Vorbedingungen für die Aufnahme in die Musiktheorieschule blieben für den Kontrapunktunterricht genaue Kenntnisse der Harmonielehre und in der Formenlehre und Instrumentation kontrapunktische Sicherheit. Außerdem wurde die kontrapunktische Unterweisung für Orgelspieler obligat. Auch hatten die Schüler Gelegenheit, ihre eigenen Arbeiten in öffentlichen Veranstaltungen aufzuführen.

Im September 1877 wurde Rheinberger durch König Ludwig II. offiziell zum Hofkapellmeister ernannt, und vom 1. Oktober an übernahm er die Leitung der königlichen Kirchendienste. Hatte Wüllner neben seiner Aufgabe als Dirigent der Kgl. Vokalkapelle in München späterhin noch Verpflichtungen an der Hofoper und der Musikalischen Akademie übernommen, so beschränkte sich Rheinberger allein auf seinen kirchlichen Wirkungskreis, der seiner Natur am meisten entsprach.

An der Spitze der seit Orlandos Zeiten berühmten Kapelle gewann Rheinberger, der mit den Reformbestrebungen Etts und Aiblingers aufgewachsen war, großen Einfluß auf die kirchenmusikalischen Verhältnisse in München und Süddeutschland. Sein im Bachschen Geiste gebildetes musikalisches Bewußtsein, das sich der Wiener klassischen Trias verbunden wußte, wurde ein wirksames Gegengewicht zu den einseitigen Bestrebungen der Cäcilianer, um so mehr, als Rheinberger seinen Standpunkt in den kunstpolitischen Kämpfen der achtziger Jahre in der Tat durch eigene bedeutende Kompositionen für den liturgischen Gebrauch zu demonstrieren imstande war.

Am Neujahrstag des Jahres 1878 wurde Rheinberger das Ritterkreuz I. Klasse (älterer Ordnung) des St. Michaelsordens verliehen.

Durch die Übernahme der neuen Stellung und den damit verbundenen Verpflichtungen sah sich Rheinberger genötigt, die musikalische Direktion des Oratorien-Vereins im Oktober 1877 niederzulegen.

Nach zehnjährigem Wirken als Chorrepetitor hatte er seine dreizehnjährige öffentliche Tätigkeit als Dirigent dieses Vereins am 18.4.1864 mit der Aufführung von Händels Oratorium „Judas Maccabäus" begonnen und am 28.5.1877 mit Haydns „Schöpfung" beendet.

Als Primarius der Kgl. Vokalkapelle bestand Rheinbergers Aufgabe neben der Leitung der Kirchenmusik an der Allerheiligenhofkirche in der Vorbereitung und Durchführung der „Soiréen", mit der die Vokalkapelle in jeder Konzertsaison an die Öffentlichkeit trat. Zur Bereicherung der Konzertprogramme, vor allem aber zur Erweiterung des Repertoires der Kgl. Vokalkapelle im kirchlichen Dienst widmete sich Rheinberger nun musikwissenschaftlichen Studien. Wertvolle Hilfe fand Rheinberger bei diesen Bemühungen besonders bei seinem einstigen Lehrer und späteren Freund J. J. Maier, der als Custos an der Kgl. Hof- und Staatsbibliothek die geeigneten Quellen für eine derartige Arbeit kannte. Franziska berichtet, daß Rheinberger Maier zuweilen in der Bibliothek besuchte, „zumal er jetzt für die Hofcapelle alte Musik ausgräbt". Ein umfangreiches Konvolut enthält zahlreiche Kopien der verschiedensten Werke des 15., 16. und 17. Jahrhunderts und zeugt von der intensiven Beschäftigung Rheinbergers mit dieser Materie. Auch im Auffinden, Spartieren, Bearbeiten und Wiederbeleben der altklassischen Vokalpolyphonie trat Rheinberger damit in die Fußstapfen Etts und Aiblingers.

Der neue Wirkungskreis blieb auf das kompositorische Werk[5] nicht ohne Einfluß, und mit der Übernahme der Hofkapellmeisterstelle trat in Rheinbergers Schaffen erneut die vokale Kirchenmusik in den

---

[5] Vgl. Hans-Josef Irmen, *Thematisches Verzeichnis des musikalischen Werks Gabriel Josef Rheinbergers*, Regensburg 1974 (Studien zur Musikgeschichte des 19. Jahrhunderts Band 37).

Vordergrund. Zwischen 1877 und 1894 entstand eine Fülle von sakralen Kompositionen, insgesamt acht Messen, ein Stabat Mater (ex voto), ca. 60 Propriumsvertonungen und zwei geistliche Oratorien, die in Franziskas Katalog der im Druck erschienenen Werke verzeichnet sind.

1879 begann Rheinberger, die umfangreiche englische Cherubini-Biographie *Cherubini, Memorials illustrative of his life* von Edward Bellasis, die fünf Jahre zuvor in London erschienen war, ins Deutsche zu übersetzen[6].

Die theoretische und praktische Beschäftigung mit der Vokalpolyphonie der Meister des 16. und 17. Jahrhunderts und die Auseinandersetzung mit Cherubini prägten Rheinbergers Schaffen und seine Tätigkeit als Kompositionslehrer und markieren seine Hinwendung zum Klassizismus.

In den späteren Jahren treten eine wie selbstverständlich anmutende Form, das auf unverrückbarem Fundament ruhende Tonalitätsgefühl, die unauffällige Leichtigkeit und Bündigkeit des Satzes und vor allem die an klassische Kunst gemahnende Kantabilität immer mehr in den Vordergrund.

Diese Entwicklung läßt sich an einer Gattung aufzeigen, die Rheinberger reich und gütig bedachte: an den zwanzig Orgelsonaten. Die 8. Sonate in e-Moll op. 132 aus dem Jahre 1882 enthält als Schlußsatz eine Passacaglia, die zu Rheinbergers besten Werken zählt. Vergleicht man diesen Satz, der aus 24 Variationen besteht, mit der Passacaglia in e-Moll (Nr. 10 der „Meditationen", op. 167a, entstanden am 1.11.1891), die nur 10 Variationen enthält, so erscheint in der Kürze und schulmäßigen Strenge der späteren Komposition die klassizistische Entwicklung abgeschlossen. Sie bleibt für die fünf Orgelsonaten, die im letzten Jahrzehnt vor Rheinbergers Tod entstanden, bestimmend.

Aus dem Bereich seiner pädagogischen Tätigkeit lassen sich zahlreiche Beispiele für Rheinbergers klassizistische Einstellung erbringen; mehr noch erweisen die Werke der bedeutenderen Schüler Rheinbergers die Frucht dieser Tendenz: die zwanglose Logik der musikalischen Gedankenführung. So hat z. B. Engelbert Humperdinck, der 1877-79 an der Münchner Musikschule bei Rheinberger studierte, die kunstvolle Verarbeitung der Volks- und Kinderliedmotive seiner Opern der Schule Rheinbergers zu danken; wie weit seine Bevorzugung der

---

[6] Vgl. Hans-Josef Irmen (Hg.), *Bellasis / Rheinberger, Luigi Cherubini, Leben und Werk in Zeugnissen seiner Zeitgenossen*, Regensburg 1972 (Studien zur Musikgeschichte des 19. Jahrhunderts Bd. 30).

Märchenoper auf Rheinbergers Einfluß zurückgeht, bliebe zu untersuchen. Ermanno Wolf-Ferrari, der nie einen anderen Kontrapunktlehrer als Rheinberger hatte, äußerte sich über seinen Lehrmeister: „Daß alle Stimmen singen sollen, lernte man bei ihm ganz besonders".

Genauer aber traf Wilhelm Furtwängler, einer der wenigen Privatschüler aus Rheinbergers letzten Lebensjahren, das Charakteristische dieser Unterweisung im Tonsatz, wenn er von Rheinberger sagt: „Ihm war die Natürlichkeit beim Musizieren oberstes Gesetz: Natürlichkeit der Stimmführung, der Formgebung, des Ausdrucks".

Die Gefahr solcher klassizistischen Haltung, bloßem Eklektizismus, entging Rheinberger; dennoch stand er im Alter dieser Periode seines Schaffens kritisch gegenüber und schrieb: „Wenn auch später vom Klassizismus beeinflußt, blieb ich doch in meiner besten Arbeitszeit der Romantik treu – es sind doch die Jugendeindrücke bestimmend"[7].

Schließlich darf diese Einstellung aber auch als Reaktion auf die künstlerischen Tendenzen der Jahrhundertwende gedeutet werden, von denen Rheinberger bekannte: „Der moderne Realismus in Musik, Malerei und Literatur ist mir ein Greuel; er wird aber auch in ein paar Jahrzehnten ausgewirtschaftet haben".

Mit seinem 50. Lebensjahr hatte Rheinberger den Zenit seines Ruhmes erreicht. Zahlreiche Ehrungen wurden ihm zuteil, von denen die Ernennung zum Mitglied der Kgl. Akademie der Künste in Berlin im Jahre 1887 und die Verleihung des Ritterkreuzes des Maximiliansordens für Kunst und Wissenschaft durch den Prinzregenten Luitpold im Dezember 1888 Erwähnung verdienen. Zu diesen Auszeichnungen gesellte sich im Neujahrstage 1895 das Komturkreuz des Bayerischen Kronenordens, welches mit dem persönlichen Adel verbunden war. Der Kontrapunktiker Rheinberger galt damals in ganz Europa als unbestrittene Autorität. Dennoch täuschte sich Rheinberger nicht darüber, daß sein eigenes Schaffen mahr und mehr übergangen wurde. Unmerklich und schrittweise vollzog sich sein Rücktritt aus der Öffentlichkeit, der er sein Wesen nie anders als in seinen Werken öffnen konnte.

Im Sommer 1894 ließ sich Rheinberger von seinen Verpflichtungen als Hofkapellmeister entbinden und trat von der Leitung der Kgl. Vokalkapelle zurück. Nur dringendes Bitten von Seiten des Freundes

---

[7] Die folgenden Briefzitate stammen aus Hans-Josef Irmen, *Gabriel Josef Rheinberger: Briefe an Henriette Hecker*, Vaduz 1970.

W. H. Riehl bewirkte, daß er seine Tätigkeit an der Kgl. Musikschule beibehielt.

Seine letzten Lebensjahre verbrachte Rheinberger in größter Zurückgezogenheit, nur im Sommer suchte er weiterhin regelmäßig mehrere Wochen Erholung im oberbayerischen Wildbad Kreuth. Ein Schüler und Hausgenosse Rheinbergers überlieferte ein Bild des „mathematisch streng regulierten" Tageslaufs des alternden Komponisten, der den unwiederbringlichen Wert der Zeit hoch zu schätzen wußte: Er pflegte früh aufzustehen, dann begab er sich in die Frühmesse der benachbarten Ludwigskirche und von da ins Odeon, wo seine Theoriekurse ihn bis Mittag festhielten. Nach dem Mittagessen, das er sich in einem Restaurant holen ließ, pflegte Rheinberger seinen Spaziergang in den benachnarten Hofgarten zu machen und dann im „Englischen Café" die Zeitungen zu lesen. Der Nachmittag war der Komposition gewidmet, und von 5 bis 6 Uhr pflegte der Meister auf einem Konzertflügel klassische Musik, vor allem Bach, Mozart und Beethoven mit vollendeter Technik und peinlich genauer Phrasierung und Rhythmik sich vorzuspielen. Trotz dieser monastischen Lebensweise blieb Rheinberger frei von Vergrämung und Bitterkeit, aufgeschlossen und empfindsam. „Jetzt empfinde ich es als Segen", schrieb er ein Jahr vor seinem Tod an Henriette Hecker, „daß mein geistiges Leben von je mehr nach dem Innerlichen gerichtet war und sich nur, so weit es sich in öffentlicher Stellung nicht anders thun ließ, der Allgemeinheit zuwandte. Man hat es mir gar oft als Fehler angerechnet, keinen Ehrgeiz zu besitzen, ich habe es aber nie bedauert und trotzdem viele Genugthuung erlebt. Es hat auch seinen Reiz ein Geistesprodukt hinauszuschicken, dem verständigen und unverständigen Publikum, – der anständigen und und der Revolver-Kritik preiszugeben. Oft bedarf es großer Selbstverläugnung, alle sogenannten Urtheile über sich ergehen zu lassen; aber sehr häufig [...] hatte ich die Freude, oft aus den entferntesten Ländern, von Unbekannten Briefe und Berichte voll des innersten überraschendsten Verständsnisses und Interesses zu erhalten. Manch dauernde Korrespondenz knüpfte sich daran; und so habe ich viele Freunde, die ich nie gesehen und nie sehen werde."

In der Tat ist es merkwürdig, daß mit dem schwindenden Interesse an Rheinbergers Werken in Deutschland das Echo aus den angelsächsischen Ländern wächst. „In Kreuth haben mich nacheinander fünf Amerikaner aufgesucht", berichtet er aus seinen letzten Ferien, „es scheint fast, daß ich in der neuen Welt ein ‚größerer Mann' bin, als in dem alten Europa".

In München war Rheinberger durch wohlwollendes Entgegenkommen nicht verwöhnt worden; von den mehr als 150 Aufführungen des „Christoforus", der allein in den neunziger Jahren das Bild des Komponisten wieder ins allgemeine Blickfeld der Münchner rückte, fallen drei Aufführungen auf Bayern, deren eine jedoch Rheinberger selbst leitete. Als dieses Oratorium am 11. Juli 1901 unter Hans Bußmeyers Direktion von der Akademie der Tonkunst wieder aufgeführt wurde, stieß es in einem Teil der Presse sogar auf völlige Ablehnung.

So blieb der einzige Lichtpunkt der letzten Lebensjahre des Komponisten die Ehrendoktorwürde der Philosophischen Fakultät der Maximilians-Universität in München, die ihm zum 60. Geburtstag verliehen wurde. Eine seiner kunstvollen Schöpfungen, die Akademische Ouverture in Form einer Fuge zu 6 Themen, verdankt ihr Entstehen dieser freudigen Überraschung. Rheinberger widmete das Werk als kontrapunktische Dissertation der Münchner Universität.

Seinem testamentarischen Wunsch gemäß wurde Josef Rheinberger zusammen mit seiner Gattin unter den Arkaden des Südlichen Friedhofs in München beigesetzt. Das Grabmal, welches die Büsten Josef und Franziska Rheinbergers enthielt, wurde im letzten Krieg zerstört. Allein Rheinbergers Büste blieb unversehrt und wurde zusammen mit den exhumierten Gebeinen des Komponisten 1950 nach Liechtenstein überführt, wo Rheinberger auf dem Friedhof in Vaduz unweit von seinem Geburtshaus seine letzte Ruhestätte fand.

Susan Lempert

Die Requiemvertonungen Gabriel Josef Rheinbergers

Bereits mit 14 Jahren schrieb Gabriel Josef Rheinberger in einem Brief an seine Eltern: „Überhaupt habe ich zu kirchlichen Kompositionen mehr Lust und Talent als zu anderen" [1].

So verwundert es nicht, daß Rheinberger ein mit achtzehn Messen und zehn einzelnen Meßsätzen, vier Requiemvertonungen, vier Stabat Mater-Vertonungen, fünf Oratorien, zwei Vespern, zehn Offiziums-vertonungen und einer großen Zahl an Motetten, Hymnen und geistlichen Liedern recht umfangreiches kirchenmusikalisches Schaffen hinterlassen hat, in welchem sich die Requiemvertonungen gleich-mäßig über alle Schaffensperioden des Komponisten verteilen.

Der erst achtzehnjährige Josef Rheinberger schrieb in einem Brief vom 1. Juli 1857 an seine Eltern: „Im Juni habe ich ein Requiem angefangen, und arbeite jetzt schon am Benedictus. Wenn man solche Sachen nur gleich zur Aufführung bringen könnte, dann würde ich mehr Kirchen-Musik componieren." [2] Das in diesem Brief angesprochene Requiem in f-Moll (JWV 108) [3] blieb unvollendet und ist bis heute ebenso wie das im Juni 1877 komponierte Requiem aeternam in B-Dur (WoO 46) [4] nicht ediert.

Rheinbergers erste vollständige Requiemvertonung in b-Moll op. 60 für Chor und Orchester [5] ist ein monumental besetzes und breit angelegtes Werk, welches als das „bedeutendste Werk der ersten Schaffens-

---

[1] Zitiert nach Hans-Josef Irmen im Vorwort zur Partitur des Requiem in Es op. 84, Carus-Verlag 1987.

[2] Harald Wanger und Hans-Josef Irmen (Hg.), *Josef Gabriel Rheinberger – Briefe und Dokumente seines Lebens*, Bd. I, Vaduz 1982 ff., S. 269.

[3] Requiem in f-Moll JWV 108, für 4 Singstimmen (SATB) mit Klavier, komponiert im Juni 1857. Autograph: Bayerische Staatsbibliothek München 4744 b/1 und 4744 b/2.

[4] Requiem aeternam WoO 46, Choralbearbeitung in B-Dur zu 6 Singstimmen (SSATTB), komponiert im Juni 1877. Autograph: Bayerische Staatsbibliothek München 4744 c/1.

[5] „Dem Gedächtnis der im Deutschen Kriege 1870-1871 gefallenen Helden" gewidmet.
1. Fassung: „Requiem op. 60 für Chor u. Orchester", beendet am 6. 10. 1865; Quelle: München, Bayerische Staatsbibliothek Ms. 4538/1.
2. Fassung: „Requiem op. 60 für Soli, Chor u. großes Orchester", beendet am 5. 12. 1869; Quelle: München, Bayerische Staatsbibliothek Ms. 4538/2. Im Februar 1872 bei Schott in Mainz erschienen.

periode"[6] gilt und von Peter Cornelius in eine Linie mit den Requiemvertonungen Mozarts, Cherubinis und Brahms' gestellt wurde. Die Komposition wurde durch eine Aufführung des Requiems von Mozart angeregt und im Oktober 1865 beendet, von Rheinberger jedoch vier Jahre später unter dem Eindruck der Aufführung des c-Moll-Requiems von Cherubini vollständig überarbeitet, neu instrumentiert und am 12. Dezember 1870 im Münchener Oratorien-Verein unter seiner Leitung uraufgeführt. Wurde dieses Requiem in einem Gutachten des damaligen Domkapellmeisters Eugen Wöhrle auch wegen „liturgischer Gebrechen" und seiner „abnormalen Länge" mit scharfer Kritik bedacht[7], so erhoben andere Kritiker das Werk in den Stand der „Neuerscheinungen ersten Ranges"[8]. Die Uraufführung war ein großer Erfolg, und die Presse beurteilte das Requiem als „ein in Conception und Durchführung wahrhaft großartiges und stylvolles Werk", in dem sich „frommgläubiger Sinn, gepaart mit musikalischer Schöpferkraft" finde[9], und das eine „tiefe Empfindung" und „ein unerschütterliches Vertrauen auf die göttliche Vorsehung" erkennen lasse[10]. Der mit Rheinberger befreundete Dichter Paul Heyse äußerte sich gleichermaßen enthusiastisch und schrieb am Tage der Uraufführung an den Komponisten, wie sehr ihn dieses Werk „... ergriffen, erbaut und in einem höher und höher anschwellenden Strome von Kraft und Schönheit mitfortgerissen hat." [11]

Zwischen den beiden Fassungen des b-Moll-Requiems entstand im Juli 1867, vielleicht durch den tragischen Tod von Rheinbergers Schwester Elisabeth veranlaßt, in wenigen Tagen das „leicht ausführbare" und als Gebrauchsmusik einzustufende Requiem Es-Dur op. 84[12] für vierstimmigen Chor a cappella[13].

---

[6] Hans-Josef Irmen, *Gabriel Josef Rheinberger als Antipode des Cäcilianismus*, Regensburg 1970 (Studien zur Musikgeschichte des 19. Jahrhunderts, Band 22), S. 140-141.

[7] Siehe ebd., S. 289-290.

[8] So in der Rezension des Requiems op. 60 von Rheinberger im Musikalischen Wochenblatt, 1873, S. 636, zit. nach Irmen, *Rheinberger*, S. 152 und 157.

[9] Augsburger Allgemeine Zeitung vom 14. 12. 1870.

[10] Neueste Münchner Nachrichten vom 15. 12. 1870.

[11] Siehe Irmen, *Rheinberger*, S. 157, Fußnote 67.

[12] Uraufführung am 6.11.1871 in der Theatinerkirche St. Kajetan in München. Autograph: Bayerische Staatsbibliothek München, Mus. Ms. 4559/1. Erstausgabe: Partitur u. Stimmen, Leipzig 1875 (Siegel).

[13] Dieses Requiem ist ein Werk, das „im besten Sinne den Typus Rheinbergerscher Gebrauchsmusik [verkörpert], die handwerklich meisterhaft und mit bescheidenen Mitteln ein Höchstmaß an Wirkung erzielt, ohne dabei im

Schließlich komponierte Rheinberger im Februar und März des Jahres 1900 als eines seiner letzten gewichtigen Werke noch einmal ein Requiem. Dieses Requiem in d-Moll op. 194[14] für vierstimmigen Chor und Orgel kehrt ebenso zu einfacheren Strukturen zurück wie die vorangegangenen Messen in g-Moll op. 187, F-Dur op. 190 und E-Dur op. 192 sowie die später entstandene und unvollendet gebliebene Messe in a-Moll op. 197, ohne jedoch typische formale und harmonische Gestaltungsmittel preiszugeben. Und gerade diese Gestaltungsmittel: eine stets am Text orientierte und dramaturgisch klug angelegte Formkonzeption sowie eine Harmonik, die zwar traditionsverhaftet ist und kaum Unerwartetes bringt, dafür aber im Hinblick auf ihre Wirkung und Faßlichkeit äußerst ökonomisch eingesetzt und immer auch auf Klangschönheit ausgerichtet ist, sind es, die Rheinbergers Stil prägen und anhand des ersten und letzten Satzes des d-Moll-Requiems näher untersucht werden sollen.

Doch zunächst werfen wir einen kurzen Blick auf die textliche Gesamtkonzeption der von Rheinberger vertonten Totenmessen (siehe Tabelle 1).

Schwierigkeitsgrad zu hohe Ansprüche zu stellen", Hans-Josef Irmen im Vorwort zur Partitur, Carus-Verlag, Stuttgart 1987.

[14] Der erste Satz wurde am 10. 2. 1900, der letzte Satz am 16. 3. 1900 fertiggestellt. Autograph: Bayerische Staatsbibliothek München, Mus. Ms. 4662. Erstausgabe: Leipzig 1900 (Leuckart). Welterseinspielung: The Choir of Gonville and Caius College, Cambridge, Leitung Geoffrey Webber, Orgel Christopher Monks (CD DCA 989, ASV Ltd. 1997).

Missa pro defunctis		Rheinberger: Requiem op. 60 b-Moll	Rheinberger: Requiem op. 84 Es-Dur	Rheinberger: Requiem op. 194 d-Moll
Proprium	Ordinarium			
1. Introitus 'Requiem aeternam'		**1. Introitus**	**1. Introitus**	**1. Requiem**
	2. Kyrie	Kyrie	**2. Kyrie**	Kyrie
3. Graduale 'Requiem aeternam'/'Si ambulem'		Kyrie	**3. Graduale** 'Absolve Domine' (sic)	**2. Graduale** 'Absolve Domine' (sic)
4. Tractus 'Absolve Domine'/ 'Sicut cervus'/ 'De profundis'				
5. Sequenz 'Dies Irae'		**2. Sequenz** 'Dies Irae' **3.** Recordare **4.** Qui Mariam **5.** Confutatis		
6. Offertorium 'Domine Jesu Christe'		**6. Offertorium** 'Domine Jesu Christe' **7.** Quam olim Abrahae **8.** Hostias	**4. Offertorium** 'Domine Jesu Christe'	**3. Offertorium** 'Domine Jesu Christe' **4. Hostias**
	7. Sanctus	**9. Sanctus**	**5. Sanctus**	**5. Sanctus**
		10. Benedictus	**6. Benedictus**	**6. Benedictus**
	8. Agnus Dei	**11. Agnus Dei**	**7. Agnus Dei**	**7. Agnus Dei**
9. Communio 'Lux aeterna'		**12. Communio** "Lux aeterna" (13.) Requiem aeternam	**8. Communio** 'Lux aeterna'	Lux aeterna
10. Responsorium 'Libera me' (11.'In paradisum')				

Prinzipiell können folgende Texte in einem Requiem vertont werden: Der Introitus *Requiem aeternam* (1.), das *Kyrie* (2.), das Graduale *Requiem aeternam* oder *Si ambulem* (3.), der Tractus *Absolve Domine*, *Sicut cervus* oder *De profundis* (4.), die Sequenz *Dies irae* (5.), das Offertorium *Domine Jesu Christe* (6.), das *Sanctus* (7.) und das *Agnus Dei* (8.) sowie die Communio *Lux aeterna* (9.), außerdem das Responsorium *Libera me* (10.) und das Geleitwort *In paradisum* (11.). Meistens enthält ein Requiem jedoch nur die ersten neun musikalischen Teile oder eine Auswahl daraus, da sowohl das *Libera me* als auch das auf dem Gang zum Friedhof gesungene *In paradisum* nicht zur eigentlichen Totenmesse gehörten.

Im 19. Jahrhundert, beispielsweise bei Berlioz, Verdi oder Dvorak, haben die Requiem-Vertonungen oftmals keinerlei Bindung mehr an die Liturgie und sind häufig auch nicht für eine Aufführung im sakralen Raum konzipiert. Daher rührt wohl der manches Mal wenig sorgfältige Umgang der Komponisten mit dem liturgischen Text im Hinblick auf seine Gliederung und Vollständigkeit. Auch Rheinbergers Requiemvertonungen sind zum Teil unabhängig von seinem praktischen Kirchendienst entstanden und waren wie im Falle des b-Moll-Requiems zunächst nicht für den kirchlichen Raum bestimmt. Bei einem Vergleich der von Rheinberger vertonten Textteile fällt auf, daß alle drei vollständigen Requiemvertonungen jeweils nur eine Auswahl aus dem gesamten Kanon der Propriumstexte enthalten und Rheinberger sich in der musikalischen Gliederung in Einzelsätze nicht immer an die liturgisch vorgegebene Ordnung hält, sondern vielmehr eigene Gewichtungen vornimmt (siehe Tabelle 1). So enthält nur das große b-Moll-Requiem die Sequenz *Dies irae*, während in den späteren Vertonungen an dieser Stelle der Tractus *Absolve Domine* steht – von Rheinberger merkwürdigerweise jeweils als *Graduale* überschrieben. Teilweise verschmelzen die Textteile in der musikalischen Form zu größeren Einheiten, im nachfolgend analytisch näher zu betrachtenden d-Moll-Requiem beispielsweise der Introitus *Requiem aeternam* und das *Kyrie* sowie das *Agnus Dei* und die Communio *Lux aeterna*. Innerhalb des Offertoriums und des *Sanctus* hingegen fügt Rheinberger vor dem Beginn des *Hostias* und des *Benedictus* durch einen neuen Satzbeginn eine starke musikalische Zäsur ein. Die Gesamtform wird durch die textliche und musikalische Wiederkehr des *Requiem aeternam* im letzten Satz geschlossen.

Der erste Satz – Requiem

Der erste Satz – Requiem überschrieben – besteht insgesamt aus vier Teilen (I.-IV.). Entsprechend den drei Doppelversikeln des Textes *Requiem aeternam* gibt es drei musikalische Teile (I. T. 1-19, II. T. 20-35, III. T. 36-43). Rheinberger übernimmt jedoch nicht überall einfach die Zäsuren des lateinischen Textes, wonach jedem Zweizeiler ein musikalischer Teil entsprechen könnte, sondern faßt den zweiten und dritten Textabschnitt zu einer größeren musikalischen Einheit zusammen, wiederholt dann die ersten zwei Zeilen Text und knüpft auch musikalisch an den Anfang an. Das verhältnismäßig kurze *Kyrie* (T. 45-55) mit dem Höhepunkt des Satzes bildet den IV. Teil des ersten Satzes (vgl. Tabelle 2).

In einer zweitaktigen Einleitung von Baß und Orgel wird das sich an den Beginn des gregorianischen Introitus anlehnende Hauptmotiv des Satzes (,Requiem aeternam') vorgestellt, bevor der Chor in T. 3 einsetzt und die erste vollständige Textzeile singt, die in T. 6 harmonisch mit einem Halbschluß endet. Schon dieser Beginn offenbart für das gesamte Werk wesentliche Merkmale: Ein Orgelpunkt schafft in einer einleitenden oder abschließenden Phrase tonalen Zusammenhang und ein Gefühl von Ruhe, und die Harmonik ist in diesem Einleitungssatz in besonderer Weise von Chromatik geprägt. Den Takten 3 bis 6 liegt deutlich durchhörbar im Tenor und von der Orgel verdoppelt ein traditionell harmonisierter, chromatisch absteigender Quartgang, ein sogenannter Lamentobaß zugrunde, womit Rheinberger neben der Tonart d-Moll und der Paraphrasierung eines gregorianischen Motivs in diesem Requiem Jahrhunderte alte, Lamentations- und Requiemvertonungen typisch eigene Topoi aufgreift (vgl. Notenbeispiel 1).

Die Fortführung dieser ersten Phrase in T. 7-10 ist als Steigerung angelegt. Die Motivik ist kleingliedriger und von Kleinsekund-'Seufzern' durchsetzt, die im Sopran bis zum bisher noch nicht berührten zweigestrichenen f aufsteigen, während die Baßlinie vom f bis zum a chromatisch aufwärts schreitet. Dynamisch erfolgt ein crescendo vom Mezzoforte zum Forte. Die eigentliche Steigerung geschieht jedoch auf der harmonischen Ebene mittels Sequenzierung und harmonischer Ellipsen. Die Folge von vier Akkordformen: einem verminderten Septakkord, einem Dominantseptakkord, einem Durdreiklang und wieder einem Dominantseptakkord in T. 7 wird in T. 8 einen Ganzton höher wiederholt und mündet dann in den verminderten Septakkord in T. 9, welcher als Doppeldominante von d-Moll dann in den Halbschluß T. 10 führt. Interessant an dieser Stelle ist nicht nur die Häufung

1. REQUIEM

INTROITUS
I. T. 1-19
(T. 1-10 /T. 11-19)
Requiem aeternam dona eis, Domine: Ruhe, ewige, gib ihnen, Herr:[1]
et lux perpetua luceat eis.   und Licht für immer leuchte ihnen.

II. T. 20-35
(T. 20-27)
Te decet hymnus, Deus, in Sion,   Dir gebührt Lobgesang, Gott, in Zion,
et tibi reddetur votum in Jerusalem: und dir erstattet man Gelübde in Jerusalem:

(T. 28-35)
exaudi orationem meam,   erhöre mein Gebet
ad te omnis caro veniet.   zu dir alles Fleisch kommt.

III. T. 36-43
Requiem aeternam dona eis, Domine:
et lux perpetua luceat eis.

KYRIE
IV. T. 45-55
Kyrie eleison,   Herr, erbarme dich,
Christe eleison,   Christe, erbarme dich,
Kyrie eleison.   Herr, erbarme dich.

7. AGNUS DEI

I. T. 1-39
(T. 1-10/12)
Agnus dei, qui tollis peccata mundi: Lamm Gottes, der du trägst die Sünden der Welt:
dona eis requiem.   gib ihnen Ruhe.

(T. 12-21/22)
Agnus dei, qui tollis peccata mundi: Lamm Gottes, der du trägst die Sünden der Welt:
dona eis requiem.   gib ihnen Ruhe.

(T. 23-31)
Agnus dei, qui tollis peccata mundi: Lamm Gottes, der du trägst die Sünden der Welt:
dona eis requiem sempiternam.   gib ihnen Ruhe auf ewig.

COMMUNIO
(T. 31-39)
Lux aeterna luceat eis, Domine: Das ewige Licht leuchte ihnen, Herr:
cum sanctis tuis in aeternum, quia pius es. mit den Heiligen dein in Ewigkeit, denn gütig bist du.

II. T. 40-49
Requiem aeternam dona eis, Domine: Ruhe, ewige, gib ihnen, Herr:
et lux perpetua luceat eis.   und Licht für immer leuchte ihnen.

III. T. 50-61
Cum sanctis tuis in aeternum, quia pius es. Mit den Heiligen dein in Ewigkeit, denn gütig bist du.

---

[1] Übersetzung: Paul-Gerhard Nohl, in: Lateinische Kirchenmusiktexte, Kassel u. a. 1996.

Requiem.

Notenbeispiel 1
© mit freundlicher Genehmigung des Verlages Dr. Butz, St. Augustin

dominantischer Klänge, die teilweise nicht in die von ihnen angestrebten Harmonien weitergeführt werden, sondern auch die enharmonische Umdeutung eines verminderten Septakkords. Der Akkord *cis-e-g-b* ist Dominante in d-Moll, gleichzeitig aber schon als Dominante zur Tonikaparallele, also zu F-Dur deutbar, die chromatische Weiterführung des *cis* zum *c* also in Bezug auf die Auflösung nach F-Dur als dominantischer Nonenvorhalt *des-c* interpretier- und hörbar. Sowohl diese Wendung als auch die funktionsharmonisch kaum mehr befriedigend deutbare Folge zweier Dominantseptakkorde (von T. 7 zu T. 8) im Terzabstand kehren im *Agnus Dei* wieder.[15]

Die Rolle der Orgel ist stets die klangliche Verdoppelung, so daß der Chorklang ein tragendes Fundament erhält; Eigenständigkeit kommt ihr lediglich in den Überleitungstakten zwischen Teilen und Abschnitten zu (so T. 10, 19, 35 und 43-44), jeweils mit der Aufgabe, eine neue tonale Ebene für den darauffolgenden Choreinsatz vorzubereiten. In T. 10 zu 11 geschieht dies durch die Weiterführung des Halbschlusses in einen Trugschluß, so daß der Wiedereinsatz des Chores mit dem Motiv ‚Requiem aeternam' in T. 11 ff. nun in B-Dur erfolgt. Sowohl an dieser Stelle als auch beim dritten Erscheinen des Anfangsmotivs in den Takten 36 ff. erklingt es als Kopfimitation durch die Stimmen wandernd jeweils viermal. Ansonsten ist Rheinberger mit Imitation eher zurückhaltend. Im gesamten ersten Satz wird die homophon-oberstimmenbetonte und Textverständlichkeit garantierende Schreibweise nur noch einmal durch Imitation aufgebrochen: wirkungsvoll an der nach einer Pause in T. 49 eintretenden Kulmination (Notenbeispiel 2), bevor sich das Geschehen beruhigt und der Satz ausklingt.

Ebenso wie die zwei vorhergegangenen Zäsuren endet auch die in T. 18 wieder nach d-Moll zurückkehrende Schlußwendung auf einem Halbschluß – ein Prinzip, das auch für alle noch kommenden Schlußbildungen des ersten Satzes gelten wird. Rheinberger vermeidet bis zum Ende des Satzes einen Schluß auf der Tonika, wodurch starke harmonische Einschnitte zugunsten einer stets weitergeführten inneren Spannung vermieden werden.

Die Orgelüberleitung von T. 19 zu 20 führt von d-Moll zur Paralleltonart F-Dur, die den gesamten zweiten Teil (T. 20-35) des ersten Satzes bestimmt und ihm eine im Gegensatz zu den ihn umrahmenden Teilen freundlich-hellere Grundstimmung verleiht. Wie schon zu Beginn des Satzes ist die Steigerung in den Takten 28 ff. an eine melodisch-harmonische Sequenzierung geknüpft. Dabei wird in T. 29 ein typisch

---

[15] *Agnus* T. 3-4 bzw. T. 22-23.

Notenbeispiel 2
© mit freundlicher Genehmigung des Carus-Verlages, Stuttgart

alterierter Dominantakkord berührt: ein hartverminderter Septakkord, in seiner funktionsharmonischen Bedeutung ein Dominantseptakkord mit tiefalterierter Quinte im Baß. Dies fällt um so mehr auf, als Rheinberger – anders als einige seiner Zeitgenossen – mit alterierten Klängen äußerst sparsam umgeht. So wirkt die Klangfarbe dieses Akkordes an den wenigen Stellen seines Auftretens – im ersten Satz z. B. nur noch in T. 42 – jeweils besonders und wieder neu. Klanglich bemerkenswert und von schöner Wirkung sind auch die zahlreichen Vorhaltsbildungen, z. B. T. 20, T. 29, T. 31 oder T. 33.

Die Rückführung von F-Dur nach d-Moll erfolgt so, daß zu Beginn der reprisenartigen Wiederholung des ‚Requiem aeternam' in T. 36 die tonale Ebene d-Moll noch gar nicht deutlich exponiert erscheint, da Rheinberger in den Takten 31-33 noch einmal die Dominante von F-Dur bestärkt und in T. 36 über einen F-Dur-Sextakkord wieder nach d-Moll gelangt. Harmonisch raffiniert erklingt das Hauptmotiv so nun ein drittes Mal tonartlich anders beleuchtet. Nach einer in d-Moll typischen Kadenzierung in den Takten 42-43, die mit einem phrygischen Halbschluß endet, wird über eine hier einmalig doppelt so lange Orgelüberleitung in den Takten 43-44 die Varianttonart D-Dur erreicht, in welcher das Kyrie den ersten Satz beschließt. Zu Beginn des Kyrie und in der Hinführung zum Höhepunkt, dessen melodischer Hochton g^2 bis dahin ausgespart wurde, klingt noch einmal ein fast vollständiger Lamentobaß (siehe Notenbeispiel 2). Hiermit, wie auch mit dem an der Höhepunktstelle T. 49 wiedereinsetzenden Orgelpunkt, greift Rheinberger auf Satzprinzipien des Satzbeginns zurück, die nun jedoch innerhalb der Hoffnung und Trost ausdrückenden Dur-Tonalität eine symbolhaft deutbare andere Ausdrucksqualität bekommen.

Der letzte Satz – Agnus Dei

Das *Agnus Dei* besteht aus drei Teilen (I. T. 1-39, II. T. 40-49, III. T. 50-61, vgl. Tabelle 2), die jeweils melodisch und harmonisch klar aufgebaut und gegliedert sind. Wie schon im Eingangssatz des Requiems gibt Rheinberger auch hier den liturgischen Textteilen eine eigene Gewichtung: Denn musikalisch erfolgt zwischen den drei steigernd angelegten Abschnitten mit der Akklamation ‚Agnus Dei' (1. T. 1-10/12, 2. T. 12-21/22, 3. T. 23-31) und den ersten beiden Textzeilen der Communio keine trennende Zäsur, vielmehr sind die die Communio einleitenden Worte „Lux aeterna luceat eis, Domine" symbolträchtig als Höhepunkt des Satzes gestaltet, in welchen die vorhergehenden Abschnitte des *Agnus Dei* zielgerichtet einmünden. Bei der textlichen Wiederkehr des *Requiem aeternam* (T. 40 ff.) greift Rheinberger auf den

Beginn des Requiems zurück, wodurch die Gesamtform des Werkes reprisenartig geschlossen wird – ein vom Komponisten auch in anderen Werken und Gattungen häufig angewandtes Verfahren der Formgebung. Auch das tröstlich-versöhnliche D-Dur des letzten Teiles ist schon im ebenfalls in D-Dur stehenden *Kyrie* des ersten Satzes vorweggenommen, und ebenso anhand weiterer satztechnisch-harmonischer Entsprechungen zwischen erstem und letztem Satz läßt sich der auf Einheit und Geschlossenheit des Werkes ausgerichtete Formwille des Komponisten belegen. Doch betrachten wir die Abschnitte des letzten Satzes im Einzelnen.

Die drei *Agnus Dei*-Abschnitte sind sehr regelmäßig gebaut (vgl. Notenbeispiel 3) und zerfallen ähnlich dem klassischen Satzbau in jeweils vier, in 2 + 2 gegliederte Takte, denen sechs (bzw. beim dritten Mal fünf) zusammengehörige Takte folgen. Der erste und zweite Abschnitt sind in der melodischen Hauptstimme, dem Sopran, diastematisch und rhythmisch fast vollständig identisch, harmonisch beginnen beide Abschnitte auf der Tonika d-Moll. Doch während der erste Abschnitt in T. 9-10 mit einem authentischen Ganzschluß endet, wird am Ende des zweiten mit derselben vorangegangenen Kadenz in T. 20-21 ein Trugschluß erreicht. Harmonisch wirkungsvoll in diesen sich entsprechenden Abschnitten ist die in T. 6 zu T. 7 (bzw. T. 17 zu T. 18) in die Dominante führende Doppeldominante mit tiefalterierter Quinte, melodisch expressiv mit dem Septimensprung im Sopran verbunden, sowie der Einsatz des Neapolitaners in der Schlußkadenz. Die harmonische Umdeutung des verminderten Septakkords in T. 3 von einer Dominante in d-Moll zur Dominante der Tonikaparallele F-Dur kennen wir bereits aus dem ersten Satz. An entsprechender Stelle des zweiten Abschnitts (T. 14-15) ist der diesem Akkord folgende Quintfall c-f im Baß diesmal überraschenderweise nicht mit Dominante-Tonika harmonisiert, sondern verbleibt in derselben Dominantharmonie, welche B-Dur als Tonikagegenklang ansteuert. Anstelle einer Auflösung nach B-Dur geht es harmonisch aber mit der Zwischendominante zur Subdominante weiter. Durch diese Aussparung des Tonikagegenklangs wird dem trugschlüssig erreichten B-Dur am Ende des Abschnitts nicht schon vorher die Wirkung genommen, zugleich macht die elliptische Harmonik den zweiten Abschnitt gegenüber dem ersten spannungsreicher. Neben der gestaffelten Steigerung vom Piano bis ins Fortissimo sind es vor allem harmonische Mittel, die bei gleicher oder ähnlicher melodischer Gestaltung Spannung erzeugen. Und so ist auch der dritte, schließlich in den Höhepunkt führende Abschnitt derjenige, in dem sich Rheinberger am weitesten von der Grundtonart d-Moll entfernt. Schon sein Beginn in T. 23 hebt sich von den zwei vorangegangenen Abschnittsanfängen dadurch ab, daß zum ersten Mal das *a* des Soprans nicht tonikal harmonisiert ist, und in T. 27 ff. kommt es innerhalb einer Sequenz durch die Häufung von Dominanten zu dem vierfachen Quintfall G-Dur – C-Dur – F-Dur – B-Dur.

Notenbeispiel 3
© mit freundlicher Genehmigung des Carus-Verlages, Stuttgart

Das im Forte beginnende *Lux aeterna* bekommt nun auch in der melodischen Gestaltung eine dramatische Komponente: Während bisher melodisch im Rahmen eines relativ kleinen Ambitus Auf- und Abwärtsbewegung ausgewogen, zu Bögen geformt sich abwechselte, durchschreitet der Sopran in den Takten 31 bis 34 nun die gesamte Oktave von d^2 bis d^1 abwärts (Notenbeispiel 4). Mit diesem pes descendens oder der Figur der Katabasis verleiht Rheinberger den Textworten auch musikalisch symbolhafte Bedeutung. Der zweite melodische Ansatz des Höhepunkts, nun im Fortissimo, überschreitet das d^2 noch um einen Halbton, harmonisch mit dem typischen Spannungsakkord der Dur-Moll-Tonalität schlechthin, einem verminderten Septakkord, ausgedeutet, um sich dann zum einmaligen Hochton g^2 aufzuschwingen, von dem aus die Phrase inmitten größter Spannung mit dem Vorhalt *g-fis* abbricht. Die folgenden, fast ausdruckslos repetierten Töne bringen die Musik fast zum Verstummen. Wieder ist es der Orgelpart, der für die Weiterführung in einen neuen Abschnittsbeginn sorgt. Hier ist die melodische Bewegungslosigkeit des Chores mit einer chromatisch durchsetzten Harmonik kontrapunktiert, in den Takten 38 bis 39 erklingt, die Reprise der Takte 40 ff. vorbereitend, sogar wieder ein vollständiger passus duriusculus.

Nach dem Rückgriff auf den düsteren Beginn steht der das Requiem abschließende, pianissimo-dolce zu singende Teil in Trost, Hoffnung und Erlösung ausdrückendem Dur. Reminiszenzartig erklingt auch in diesem Teil, in den Takten 52 ff. (im Alt und der Orgel) ein Lamentobaß. Und die Schlußwendung weist noch einmal eine harmonische Besonderheit auf: Die Subdominante des typischen plagalen „Kirchenschlusses" wird über ihre eigene Dominante erreicht, deren Quartsext-Vorhalt sich in einen Dur-Dreiklang mit hochalterierter Quinte auflöst, was noch einmal eine besondere Klangfarbe aufleuchten läßt.

Hans von Bülow hat Josef Rheinberger seinerzeit charakterisiert als „ein wahres Ideal von Kompositionslehrer, der an Tüchtigkeit, Feinheit und Liebe zur Sache seines Gleichen in ganz Deutschland und Umgebung nicht findet, kurz, einer der respectabelsten Musiker und Menschen in der Welt, womit ich jedoch seine Componisten-unsterblichkeit noch nicht garantiert haben will, so hoch ich auch seine Leistungen in allen von ihm bisher betretenen Gebieten stelle".[16] Rheinbergers Komponistenunsterblichkeit können wir auch heute nicht garantieren – wohl aber versichern, daß die Kirchenmusik Rheinbergers in ihrer Synthese aus solidem kompositorischen Handwerk und dem stetigen Streben nach formaler Faßlichkeit wie klanglicher Schönheit die

---

[16] Zitiert nach Irmen, *Rheinberger*, S. 49.

Beschäftigung und Aufführung lohnt; denn sie vermag die Forderungen zu erfüllen, welche Emil von Schafhäutl, ein Postulat Abbé Voglers aufgreifend, an wahre Kirchenmusik stellte: „Das Herz zu rühren und zu Gott zu erheben"[17].

Notenbeispiel 4
© mit freundlicher Genehmigung des Carus-Verlages, Stuttgart

---

[17] Vgl. ebd., S. 197.

Matthias Schlothfeldt

Josef Rheinberger und Johannes Brahms.
Eine vergleichende Analyse zweier Stücke

I Einleitung

In der Literatur werden Johannes Brahms und Gabriel Josef Rheinberger nur sehr selten in einem Atemzug genannt. Das ist erstaunlich im Hinblick auf die verwandten Lebensdaten (Brahms: 1833-1897, Rheinberger: 1839-1901). Es lassen sich auch eine Vielzahl biographischer Parallelen aufzeigen. Darüber hinaus gibt es je ein Werk der beiden Komponisten, dessen Beginn von so offensichtlicher Ähnlichkeit ist, daß der Verdacht einer bewußten Anleihe oder gar des Plagiats naheliegt. Gemeint sind Rheinbergers „Abendfriede", das zehnte der „Zwölf Charakterstücke" op. 156 für Orgel, und das erste der „Vier Klavierstücke" op. 119 mit dem Titel „Intermezzo" von Johannes Brahms. Dem Herausgeber von Rheinbergers Orgelstücken, Bernhard Billeter, ist die Ähnlichkeit nicht entgangen. Er bemerkt im Vorwort: „Der *Abendfriede* sollte besser nicht neben Brahms' op. 119 Nr. 1 gestellt werden, sucht die Musik doch gemäß Titel Wohlklang und Harmonie, nicht die Bewältigung von Konflikten und von Resignation."[1] Der Warnung zum Trotz werden die beiden Kompositionen hier nebeneinandergestellt und verglichen. Mit Hilfe musikalischer Analyse soll zunächst geklärt werden, inwieweit die beiden Kompositionen sich überhaupt ähneln. Um die These zu untermauern, daß es sich um eine Art „geistigen Diebstahl" handeln könnte, soll gezeigt werden, daß die beiden Werke sich ähnlicher sind, als zwei ähnliche Werke eines Komponisten. In diesem Zusammenhang wird auch der Bedeutungs-gehalt der beiden Kompositionen eingehender untersucht. (Wenn sie auch einen wahren Kern enthält, scheint mir Billeters Bemerkung zur Semantik etwas voreilig und kryptisch.)
Der biographische Hintergrund mag Aufschluß darüber geben, wie die vermeintliche kompositorische Anleihe zu bewerten ist. In einem Exkurs zur gemeinsamen Biographie wird daher das Verhältnis der Komponisten zueinander umrissen. Brahms und Rheinberger galten Ende des 19. Jahrhunderts als Vertreter der musikalischen Konservative. Spätestens durch Arnold Schönbergs Vortrag *Brahms, der Fortschrittliche* aus dem Jahr 1933 ist diese Ansicht in Bezug auf

---

[1] Winterthur 1993.

Brahms allerdings relativiert worden[2]. Im Hinblick auf den Begriff des „Konservativen", auf den spezifischen Umgang der beiden Komponisten mit musikalischer Tradition, werde ich mich abschließend äußern. Mit dieser Perspektive können wesentliche Eigenheiten des Schaffens von Rheinberger und Brahms aufgezeigt werden.

II Ein erster Vergleich

Die Ähnlichkeit der beiden Werkanfänge läßt sich mit musikalisch-analytischen Mitteln beschreiben: In abwärts gerichteten, abwechselnd großen und kleinen Terzen wird ein mehrtöniger Klang aufgebaut. Dieser Akkord bzw. dieses Terzen-Feld enthält bei Rheinberger fünf, bei Brahms sechs Töne: Der tiefste Ton *e'* steht bei Rheinberger bereits außerhalb des Zusammenklanges. Der höchste Ton *a²* wird bei Rheinberger zu Anfang mit *fis²* zusammen angeschlagen, bei Brahms wird *a²* „nachgeliefert". Die insgesamt sechs beteiligten Tonhöhen sind aber in beiden Stücken exakt die gleichen.

Der dissonante Klang entsteht durch Pedalisierung, d.h. die Töne klingen ineinander, indem die Tasten liegengelassen werden. In beiden Werken werden die Töne rhythmisch gleichmäßig, also in gleichen Notenwerten, nacheinander angeschlagen. Sie sind aber metrisch ungleich gesetzt, denn in Bezug auf die Taktart unterscheiden sich die Kompositionen. In beiden Fällen enthält der Mehrklang ebenso viele Tonika- wie Subdominanttöne und kann daher am ehesten als Doppelfunktion bezeichnet werden. Doch ist der Klang harmonisch changierend und entzieht sich der funktionsharmonischen Analyse weitgehend. Er wird weniger als funktionaler Klang gehört, sondern eher als Aneinanderreihung von Terzen, deshalb wurde oben der modernere Begriff „Terzen-Feld" vorgeschlagen.

Die Vorzeichnung ist ebenfalls identisch, allerdings steht Rheinbergers „Abendfriede" in D-Dur, h-Moll stellt sich als Grundtonart von Brahms' „Intermezzo" heraus. So läßt sich die Differenz zwischen den Anfängen erklären: Jeweils der erste entstehende Dreiklang ist die Tonika, der Grunddreiklang der Tonart.

Natürlich darf man nicht übersehen, daß die Stücke für verschiedene Tasteninstrumente komponiert sind. Der Klangcharakter der

---

[2] Vgl. Arnold Schönberg, *Stil und Gedanke*, Leipzig 1989, S. 99-145; Erstveröffentlichung des ursprünglichen Vortrags in: Albrecht Dümling (Hg.), *Verteidigung des musikalischen Fortschritts*, Hamburg 1990, S. 162-172. In das Entstehungsjahr dieses Textes fällt Rheinbergers 100. und Schönbergs 50. Todestag.

pedalisierten Terzenkette wird geprägt durch das Festhalten der Orgeltasten einerseits, das Verklingen der Klaviersaiten andererseits. Allerdings ähneln die Stücke sich im Charakter und in der Wahl des langsamen Tempos (Adagio bzw. Lento). Darüber hinaus ist die Dynamikvorschrift identisch, nämlich „piano".

III Ähnlichkeit mit anderen Werken

Martin Weyer hat in seinem Buch *Die Orgelwerke Josef Rheinbergers* auch das Stück „Abendfriede" mit einem Kommentar versehen: „Manch einer geniert sich angesichts solcher Titel. Also denke man notfalls ‚Lento D-Dur'. Ein stimmungsvolles Stück bleibt's auch dann. Akkordbrechungen wie die zu Beginn hat Rheinberger auch im *Abendlied* (op. 150/1: Sechs Stücke für Violine und Orgel) angewendet."[3]

Weyers Buch ist ein Jahr nach der Notenausgabe der „Zwölf Charakterstücke" erschienen, Weyer reagiert möglicherweise auf Billeters Vergleich mit Brahms. Ich habe sogar den Verdacht, daß Weyer folgendes andeuten will: Die „Akkordbrechung" bei Rheinberger erinnere vielleicht an Brahms, müsse aber nicht unbedingt „geklaut" sein. Schließlich habe Rheinberger derlei schon früher verwendet. An dieser Stelle müssen zwei Dinge geklärt werden:

1. Das hier zur Diskussion stehende Orgelstück „Abendfriede" op. 156 Nr. 10 schrieb Rheinberger am 20. 9. 1888. Brahms verfaßte das „Intermezzo" op. 119 Nr. 1 erst im Frühjahr 1893.[4] Wenn also ein Komponist vom anderen abgeschrieben hat, dann Brahms von Rheinberger.

2. Daß zwei Stücke eines Komponisten verwandter sind als zwei ähnliche Stücke zweier Komponisten, würde den Vorwurf des Plagiats nicht entkräften. Tatsächlich ist das aber auch gar nicht der Fall. Vielmehr sind die beiden Werke von Rheinberger und Brahms sich ähnlicher als zwei verwandte Werke je eines der beiden, was im folgenden gezeigt werden soll.

---

[3] *Die Orgelwerke Josef Rheinbergers*, Wilhelmshaven 1994, S. 158.

[4] Kalbecks Annahme, op. 118 und 119 seien schon früher entstanden (Max Kalbeck, *Johannes Brahms*, Band IV/2, Berlin 1914, S. 277) ist widerlegt; vgl. Imogen Fellinger, *Brahms' Klavierstücke op. 116-119*, in: Friedhelm Krummacher und Michael Struck (Hg.), *Johannes Brahms, Quellen – Text – Rezeption – Interpretation*, München 1999, S. 199-210.

10. Abendfriede

Notenbeispiel 1
Gabriel Josef Rheinberger: „Abendfriede" op. 156 Nr. 10
© mit freundlicher Genehmigung des Dr. J. Butz Verlages St. Augustin

Vier Klavierstücke

1. Intermezzo

Johannes Brahms, Op. 119
(Veröffentlicht 1893)

Notenbeispiel 2
Johannes Brahms: „Intermezzo" op. 119 Nr. 1
© mit freundlicher Genehmigung des Verlags Breitkopf & Härtel

Das „Abendlied" für Violine und Orgel[5], das von Weyer als Vorläufer von „Abendfriede" erwähnt wird, komponierte Rheinberger tatsächlich fast genau ein Jahr früher am 27. 9. 1887. Die Ähnlichkeit zwischen den beiden Stücken beschränkt sich allerdings auf die Pedalisierung von vier Tönen im Terzabstand. Weil im „Abendlied" die dritte Terz eine kleine ist, ist die Verwandtschaft schon mit den ersten drei Tönen erschöpft: ein nicht besonders spektakulärer Moll-Dreiklang. Darin ähnelt das „Abendlied" sogar eher dem „Intermezzo" von Brahms. Und selbst diese drei Töne sind nicht identisch, denn der Beginn von „Abendlied" ist einen Halbton (in der Fassung für Violoncello und Orgel sogar einen Ganzton) höher als der Anfang von „Abendfriede". Das für ähnlich befundene Werk Rheinbergers ist dem „Abendfriede" also weniger ähnlich als das fragliche „Intermezzo" von Brahms.

Notenbeispiel 3
Gabriel Josef Rheinberger: „Abendlied" op. 150
© mit freundlicher Genehmigung des Dr. J. Butz Verlages St. Augustin

In der musikwissenschaftlichen Literatur werden auch Ähnlichkeiten zwischen dem „Intermezzo" von Brahms und anderen Werken des gleichen Komponisten erwähnt: Georg Knepler entdeckt eine Affinität zu dem Hauptthema des ersten Satzes der vierten Sinfonie op. 98 sowie zu dem Gesang „O Tod, o Tod, wie bitter bist du", dem dritten der

---

[5] Das „Abendlied" wird von Weyer als op. 150 Nr. 1 angeführt. Mit der gleichen Werknummer erscheint es in dem von Hans-Josef Irmen herausgegebenen *Thematischen Verzeichnis der musikalischen Werke Gabriel Joesf Rheinbergers* (Studien zur Musikgeschichte des 19. Jahrhunderts Band 37, Regensburg 1974, S.360). Tatsächlich ist es 1888 bei Forberg als Nr. 2 des op. 150 erschienen.

„Vier ernsten Gesänge" op. 121.[6] Knepler benennt die Gemeinsamkeit: „Es ist die absteigende Terzkette, Brahms' Todessymbol"[7]. Der Anfang der Vierten Sinfonie und des Gesanges op. 121 Nr. 3, die sogar beide in der Tonart e-Moll stehen, weisen tatsächlich eine bemerkenswerte Ähnlichkeit auf. In beiden Werken werden die fallenden Terzen aber gerade nicht pedalisiert[8], so daß auch kein dissonanter Klang entsteht. Das aber ist am Anfang der beiden fraglichen Kompositionen von Brahms und Rheinberger der Fall.

Notenbeispiel 4
Johannes Brahms: 4. Symphonie, Anfang (Violinen I und II);
Nr. 3 aus den „Vier ernsten Gesängen" op. 121

---

[6] *Brahms' historische und ästhetische Bedeutung*, in: Hanns-Werner Heister (Hg.), *Johannes Brahms oder Die Relativierung der „absoluten" Musik*, Hamburg 1997. Über die Beziehungen, die zwischen den letzten beiden Werken bestehen, hat sich schon Schönberg in dem bereits erwähnten Vortrag *Brahms, der Fortschrittliche* geäußert: in *Stil und Gedanke*, S. 134-136 (s. auch S. 132-145 oder 99-145).

[7] In *Brahms' historische und ästhetische Bedeutung*, S. 79. Knepler führt die Terzkette in der Form an, in der sie am Ende des *Intermezzo* auftritt: als siebentöniger Klang. Das ist das Maximum an terzweiser Klangaddition, wenn man den diatonischen Rahmen nicht verlassen und keinen Ton in einer anderen Lage verdoppeln will.

[8] Bei der Themenbildung im Kopfsatz der vierten Sinfonie spielt außerdem die steigende Sexte, das Komplementärintervall der fallenden Terz, eine wesentliche Rolle.

Die für ähnlich befundenen Werke von Brahms sind dem „Intermezzo" op. 119 Nr. 1 also ebenfalls weniger ähnlich als Rheinbergers „Abendfriede". Das mag als Beleg dafür gelten, daß Brahms den Anfang seines „Intermezzo" tatsächlich von Rheinberger – mehr oder weniger bewußt – übernommen hat.

IV Biographischer Exkurs

Daß Brahms das Orgelstück „Abendfriede" von Rheinberger kannte, ist nicht unwahrscheinlich.[9] Die beiden Komponisten haben sich persönlich gekannt und die Werke des anderen zur Kenntnis genommen, wie die folgenden Dokumente zeigen:
Rheinbergers Frau Franziska (Fanny von Hoffnaaß) lernt den „vielgeliebten Johannes Brahms"[10] 1864 kennen. Fünf Jahre später berichtet sie, daß ihr Mann mit Brahms bei dem Komponisten Wüllner gewesen sei und Brahms über Rheinbergers Musik „gestaunt"[11] habe. Am 23. 7. 1870 ist Brahms zum ersten Mal zu Gast bei Rheinbergers, und sie zitiert seine Bemerkung, daß er ihren Mann „so geistesverwandt mit Schubert"[12] finde.
Zu dieser Zeit widmet Rheinberger sein op. 45 Johannes Brahms. Das „Capriccio", der zweite dieser beiden „Klaviervorträge", ist ein Variationensatz über ein Thema aus Händels Oratorium „Alexander Balus". Damit nimmt Rheinberger – allerdings nur äußerlich – Bezug auf Brahms' „Variationen und Fuge über ein Thema von Händel" op. 24. Brahms bedankt sich am 28. 2. 1871 „für Ihre Musik überhaupt u. für die mir zugeschriebenen reizvollen Stücke im Besonderen. Ich mag bekennen, daß ich beim Durchspielen wohl zuweilen etwas seufze. Man empfindet so angenehm die schöne Häuslichkeit in der Sie leben u. schaffen. Unsereins denkt wohl: Aber abseits, wer ist´s?"[13]
Dieser letzte Satz ist der Anfang des Textabschnittes aus Goethes *Harzreise*, den Brahms in seiner „Alt-Rhapsodie" op. 53 vertont hatte – zu Julie Schumanns Hochzeit mit einem anderen. Brahms' Seufzer und das Lob der „Häuslichkeit" sind vielleicht ambivalent, aber sicher nicht frei von Ironie – so rückt Brahms Rheinbergers Musik in die Nähe

---

[9] In der nachgelassenen Bibliothek findet es sich allerdings nicht. Vgl. hierzu: Kurt Hofmann, *Die Bibliothek von Johannes Brahms*, Hamburg 1974.
[10] Harald Wanger und Hans-Josef Irmen (Hg.), *Josef Gabriel Rheinberger. Briefe und Dokumente seines Lebens*, Band 2, Vaduz 1982-1987, S. 206.
[11] Ebd., Band 3, S. 129.
[12] Ebd., Band 4, S. 2.
[13] Ebd., S. 52.

sentimentaler Hausmusik. Womöglich hat die ironische Spitze den Adressaten erreicht, und Rheinberger urteilt 1873 nicht mehr ganz objektiv über eine Aufführung von Brahms' Orchestervariationen über ein Thema von Haydn, von der er nach Angaben seiner Frau „nicht entzückt"[14] gewesen sei.

1874 führt Brahms zwar in einem Konzert in Wien das Vorspiel von Rheinbergers Oper „Die sieben Raben" auf. Brahms selbst äußert sich aber nicht positiv zu Rheinbergers Schaffen, wenn er schreibt: „Falls ich sie [die Aufführung des Vorspiels, Anm. d. Verf.] im nächsten Winter nicht wiederhole, so tut dies jedenfalls Dessoff, der Rheinbergers Musik sehr liebt."[15]

Am 16. 11. 1896 schreibt Rheinberger an seinen in Wien lebenden Freund Johan „Johnie" Mayer, den Wienern erlaube „Cerberus Hanslick keine anderen als Brahms'sche Novitäten [...] Gestern las ich in der Neuen freien Presse einen Aufsatz Hanslicks über Brahms' neueste Komposition (für Bass-Solo) über den Text: „Es geht dem Menschen wie dem Vieh, beide müssen sterben", – das muß wahrlich eine schöne Wirkung machen! Hanslick findet dies „tiefernst" [...] Da kann man sehen, daß Liebe blind und Kieselsteine verdauen macht, ich finde es auch überflüssig, daß man alle Bibelsprüche in Musik setzt – sie sind ja ursprünglich (wahrscheinlich) nicht dazu bestimmt."[16] Gemeint sind Brahms' „Vier ernste Gesänge" op. 121.

Als Brahms stirbt, hat Rheinberger gerade die ersten zwei Sätze seiner Messe in g-Moll op.187 für drei Frauenstimmen und Orgel komponiert. Er vollendet sie in den folgenden Tagen und widmet sie Johannes Brahms zum Gedächtnis: *Sincere in memoriam*. Sincere – rein, aufrichtig, ehrlich. Vielleicht enthält diese Abschiedsgeste ein Moment von Versöhnung. Zeitlebens scheinen Brahms und Rheinberger ein ambivalentes Verhältnis zueinander gehabt zu haben[17], das anfangs stärker von Zuneigung, später von zunehmender Distanz geprägt war.

Daß Brahms Orgelwerke von Rheinberger zumindest kannte, wird aus einem Brief aus dem Jahr 1881 an Fritzsch ersichtlich: Darin bietet Brahms dem Verleger an, sein „Choralvorspiel und Fuge über „O Traurigkeit, o Herzeleid" für Orgel herauszugeben, und fragt knapp:

---

[14] Ebd., S. 199.
[15] Ebd., Band 5, S. 5.
[16] Ebd., Band 7, S. 63-64.
[17] Dies bestätigte mir Hans-Josef Irmen in einem persönlichen Gespräch. Er gab auch die kanalisierende Rolle zu bedenken, die Rheinbergers Frau in Bezug auf den Freundeskreis gespielt hat.

„Vielleicht gäbe Rheinberger, Gernsheim u.a. auch?"[18] – und zwar Kompositionen für Orgel als Beitrag zu einem Sammelband. Das Instrument Orgel hatte für Brahms eine besondere Bedeutung: Im Jahr 1856 zieht Brahms eine Karriere als Konzertorganist in Erwägung und berichtet Clara Schumann davon. Alle Orgelwerke von Brahms stehen in dokumentiertem Zusammenhang mit ihrer Person. „Nach den Zeugnissen der Korrespondenz hat sich Brahms wegen und für Clara Schumann mit der Orgel beschäftigt, hat dieses Instrument also zweifellos eine erotische Komponente besessen", schreibt Otto Biba[19]. Am Ende seines Lebens beschäftigt Brahms sich wieder intensiv mit der Orgel. Elf Choralvorspiele erscheinen als op. 122 nach seinem Tod. Die Entstehung einiger dieser Werke hängt direkt zusammen mit Clara Schumanns Tod am 20. 5. 1896.

V Zur Semantik

Daß Knepler der Terzkette eine Todessymbolik anheftet, ist für das „Intermezzo" plausibel, wenn man die biographische Situation bedenkt, in der es entstand. Die Querverbindung wirkt aber insofern etwas mühsam, als die Symbolik vom Text des Gesanges „O Tod, o Tod, wie bitter bist du", also vom zuletzt entstandenen Werk her, auf die früheren Kompositionen, eben das „Intermezzo" und den Kopfsatz der Vierten Sinfonie, projiziert wird. Mir scheint eine weitere Konnotation denkbar, die mit jener möglicherweise verwandt ist: Es ist zumindest bemerkenswert, daß Rheinberger seine Stücke „Abendfriede" und „Abendlied" durch die Titelgebung im gleichen semantischen Bereich ansiedelt. Falls es sich im Fall des „Intermezzo" um eine bewußte Aneignung durch Brahms handelt, sollte das Bedeutungsfeld „Abend" vielleicht auch auf das Klavierstück abfärben. Dafür gibt es ein weiteres Indiz:
Constantin Floros zufolge hat Brahms, der poetische Titel ohnehin nicht schätzte, den Titel „Monologe" für die Klavierstücke op. 118 und 119 in

---

[18] Brief an C.W.Fritzsch vom 10. 7. 1881; in: Wilhelm Altmann (Hg.) *Johannes Brahms, Briefwechsel* Band XIV, Tutzing 1974, S. 326.
[19] *Brahms, Bruckner und die Orgel*; in: Othmar Wessely (Hg.), *Bruckner-Symposion Linz 1983*, Linz 1985, S. 194. Vgl. auch Michael Heinemann, *...die andere Hälfte dazudenken – Zu Brahms' Orgelmusik*; in: Hanns-Werner Heister (Hg.), *Johannes Brahms oder Die Relativierung der „absoluten" Musik*, Hamburg 1997.

einem Brief an den Verleger Simrock verworfen.[20] Eduard Hanslick, der sicherlich gut informiert gewesen sei, schreibe in einer Rezension, man könne diese beiden Hefte „Monologe am Klavier" betiteln: "Monologe, wie sie Brahms in einsamer <u>Abendstunde</u> mit sich und für sich hält, in trotzig-pessimistischer Auflehnung, in grüblerischem Nachsinnen, in romantischen Reminiscenzen, mitunter auch in träumerischer Wehmut."[21] Diese Übereinstimmung läßt den Verdacht zu, daß Brahms bewußt auf Rheinbergers Werk anspielt und Hanslick sogar davon gewußt hat.

Die Anleihe durch Brahms – und als weiterer Beleg dafür, das eine solche vorliegt, muß das folgende wohl gewertet werden – beschränkt sich nicht auf das besprochene Terzenfeld: Die ersten vier Töne der Oberstimme im „Intermezzo" sind identisch mit denen der Oberstimme der zweiten vier Takte von „Abendfriede". Diesen vier Takten kommt die Funktion eines Hauptgedankens zu, und es lohnt, ihn näher zu untersuchen. Dabei stellt sich nämlich heraus, daß wir es mit einem Zitat zu tun haben, das allerdings rhythmisch stark verändert, also gestaltverwandelt auftritt: Die ersten acht Tonhöhen sind identisch mit den ersten acht von neun Tonhöhen der ersten Zeile des Adventliedes „Macht hoch die Tür". Durch diesen Bezug färbt Rheinberger seine Komposition gleichsam semantisch ein: Der Abendfriede ist ein tief religiöser.

Solche Religiosität, ja messianische Gewißheit ist von Brahms nicht zu erwarten. Er schrieb z.B. über seine „Vier ernsten Gesänge", sie seien „verflucht ernsthaft und dabei so gottlos, daß die Polizei sie verbieten könnte – wenn die Worte nicht alle in der Bibel ständen"[22]. Eine ganz andere Allusion scheint mir hier nahezuliegen: Es könnte sich um eine Anspielung auf Schumanns „Dichterliebe" op. 48 handeln,[23] und zwar

---

[20] *Studien zu Brahms' Klaviermusik*; in: *Brahms Studien*, Band 5, Hamburg 1983, S. 57. Vgl.: Max Kalbeck (Hg.), *Johannes Brahms, Briefwechsel* Band XII, Tutzing 1974, S. 105.

[21] Zitiert nach Constantin Floros, *Studien zu Brahms' Klaviermusik*, S. 57, Hervorhebung d. Verf.

[22] Brahms am 8. 5. 1896 in einem Brief an Simrock; zitiert nach Gerd Zacher, *Komponierte Formanten*, in: Heinz-Klaus Metzger und Rainer Riehn (Hg.), *Aimez-vous Brahms, „the Progressive"?*, München 1989 (Musik-Konzepte 65), S. 75.

[23] Schon Kalbeck vermutet eine „Anspielung auf die Dichterliebe" in *Johannes Brahms*, S. 290. Allerdings fühlt Kalbeck sich an das Lied „Am leuchtenden Sommermorgen" erinnert, was ich ebensowenig nachvollziehen kann wie folgenden Kommentar zu den ersten Takten des Klavierstückes: „Der Einfall

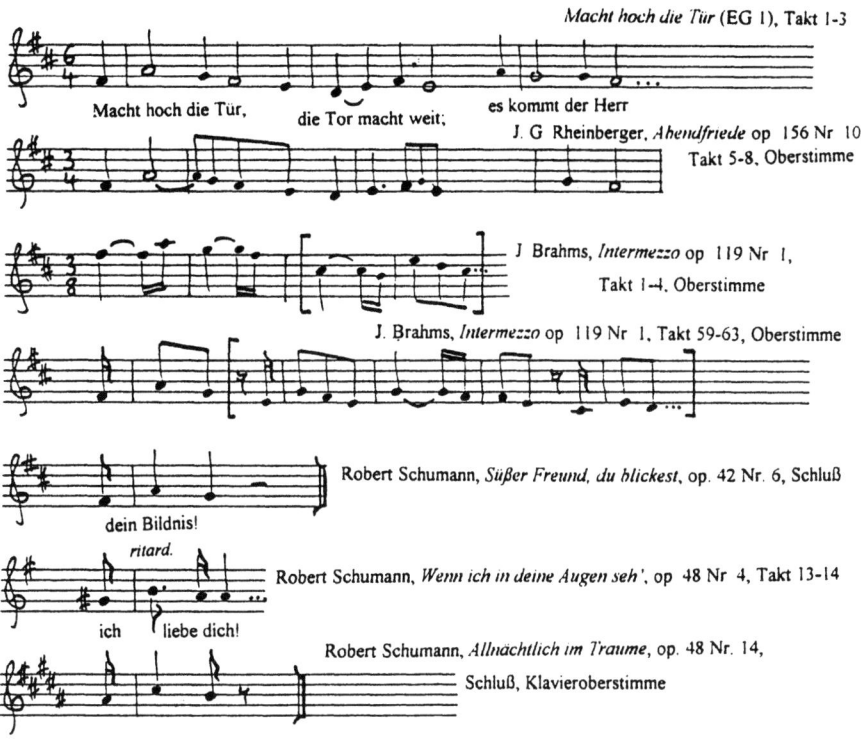

Macht hoch die Tür (EG 1), Takt 1-3

Macht hoch die Tür,   die Tor macht weit;   es kommt der Herr

J. G Rheinberger, *Abendfriede* op 156 Nr 10,
Takt 5-8, Oberstimme

J Brahms, *Intermezzo* op 119 Nr 1,
Takt 1-4, Oberstimme

J. Brahms, *Intermezzo* op 119 Nr 1, Takt 59-63, Oberstimme

Robert Schumann, *Süßer Freund, du blickest*, op. 42 Nr. 6, Schluß

dein Bildnis!

ritard.

Robert Schumann, *Wenn ich in deine Augen seh'*, op 48 Nr 4, Takt 13-14

ich   liebe dich!

Robert Schumann, *Allnächtlich im Traume*, op. 48 Nr. 14,
Schluß, Klavieroberstimme

Notenbeispiel 5

---

berührt sich äußerlich mit der neunten Variation über ein Thema von Robert
Schumann (op.9), innerlich mit dem Brahmsschen Liede *Wenn mein Herz
beginnt zu klingen* (op. 106 Nr. 4)"; ebd., S. 292.

auf ein zentrales Motiv, das bereits im ersten Lied des Zyklus („Im wunderschönen Monat Mai") exponiert wird. Diese dreitönige Knickfigur tritt im vierten Lied („Wenn ich in deine Augen seh") auf in Verbindung mit dem Text: „ich liebe dich"[24]. Das 14. Lied („Allnächtlich im Träume") endet mit den Worten: „und's Wort hab' ich vergessen". Daran schließt direkt das Nachspiel des Klaviers an und beendet das Lied mit eben jener dreitönigen Knickfigur. Das Klavier „sagt" also: „ich liebe dich" und benennt damit gleichsam den Sachverhalt, der im Verlauf des Zyklus abhanden gekommen ist: die Liebe zwischen zwei Menschen.

In Brahms' „Intermezzo" ein Zitat dieses Motivs sehen zu wollen, mag insofern weit hergeholt erscheinen, als es sich um ein Allerweltsmotiv mit nur drei Tönen handelt, daß bei Brahms sogar rhythmisch und metrisch verändert auftritt. Allerdings muß beachtet werden, welche Bedeutung dem Motiv in dem „Intermezzo" zukommt und welche Entwicklung es darin durchläuft. Es beherrscht den Schlußteil (besonders in T. 59 und 63) in eben der dreitönigen Gestalt, in der es in Schumanns „Dichterliebe" erscheint.

Außerdem wird der Verdacht erhärtet durch die biographischen Umstände, in denen Brahms komponiert: Das „Intermezzo" op. 119 Nr. 1 ist nach langer Zeit das erste Werk, das Brahms zuerst an Clara Schumann sendet und nicht an Elisabeth von Herzogenberg,[25] die übrigens eine gemeinsame Freundin von Brahms und dem Ehepaar Rheinberger gewesen ist. Kalbeck sieht in der Sendung „einen eklatanten Beweis"[26] für Brahms' Schumann-Nachfolge, der zu erbringen war nach einer „Entzweiung zwischen ihm und seiner alten Freundin"[27] Clara Schumann. Als Brahms ihr das „Intermezzo" schickt, schreibt er dazu: „Es wimmelt von Dissonanzen! Diese mögen recht sein und zu erklären – aber sie schmecken Dir vielleicht nicht, und da wünschte ich, sie wären weniger recht aber appetitlich und nach Deinem Geschmack. Das kleine Stück ist ausnehmend melancholisch, und „sehr langsam spielen" ist nicht genug gesagt. Jeder Tact und jede Note muß wie ritard. klingen, als ob man Melancholie aus jeder

---

[24] Bereits in „Frauenliebe und Leben" op. 42 verwendet Schumann das Motiv prononciert zur Vertonung des Textes „dein Bildnis!" (in: „Süßer Freund, du blickest").

[25] Elisabeth von Herzogenberg starb am 7. 1. 1892, und Richard Specht vermutet einen Zusammenhang zwischen diesem Ereignis und der Entstehung des „Intermezzo" op. 118 Nr. 6; vgl. Georg Knepler, *Brahms' historische und ästhetische Bedeutung*, S. 77.

[26] Max Kalbeck, *Johannes Brahms*, S. 290.

[27] Ebd., S. 287.

einzelnen Note saugen wolle, mit Wollust und Behagen aus besagten Dissonanzen! Herr Gott, die Beschreibung wird Dir Lust machen."[28]
Und so schließt sich der Kreis: Brahms' erneute Beschäftigung mit der Orgel und, wie ich vermute, auch mit Orgelmusik von Rheinberger regt die Komposition eines Klavierstückes an, das wieder Clara Schumann zugedacht ist, der Person also, mit welcher Brahms das Instrument Orgel in Verbindung bringt.[29]

VI Vergleichende Analyse

Zum Schluß will ich mich wieder der Analyse der beiden Kompositionen zuwenden und der Frage, wie die Anleihe durch Brahms zu werten ist. Ob der Tatbestand des Diebstahls oder des Plagiats erfüllt ist, kann hier weder im juristischen noch im moralischen Sinn interessieren. Hier soll untersucht werden, ob es sich z.B. um eine Ehrung des Kollegen, um einen Gruß an den verwitweten Weggefährten oder um eine Korrektur des Jüngeren durch den Älteren handelt.
Rheinbergers „Abendfriede" ist formal zweiteilig. Der erste Teil (A1) besteht aus sieben mal vier Takten, der zweite Teil (A2) aus weiteren vier mal vier plus zwei Takten (Kadenz). Daran wird ein Coda-artiges Gebilde von vier plus drei Takten angehängt, bei dem es sich, grob gesagt, um einen figurierten Schlußakkord handelt. Der zweite Teil (A2) bringt zunächst eine Reprise der ersten vier Takte, daran schließen die zweiten vier Takte an, die um eine Quarte aufwärts transponiert sind. Diese Maßnahme folgt dem Modell der Einrichtung in der Reprise eines Sonatenhauptsatzes. Allerdings geht einer so gestalteten Reprise in der Sonate eine Durchführung voraus – ein stark kontrastierender Teil, der motivisch-thematisches Material verarbeitet. Das ist in „Abendfriede" nicht der Fall, denn der Teil A2 schließt direkt an den Teil A1 an. Um so überflüssiger wirkt die „Einrichtung" in Rheinbergers Orgelstück, das starke Mittel widerspricht dem formalen Zweck.
Der auffällige Beginn hat – von einem bemerkenswerten Akkord in Takt 10 abgesehen – keine Konsequenzen, das Terzen-Feld wird in konventionelle Terzparallelen überführt. So bekommen die ersten vier

---

[28] Berthold Litzmann, *Clara Schumann*, Bd. III, Leipzig 1909, S. 570 –571.
[29] Die Beschäftigung mit Rheinbergers „Charakterstücken" und der möglicherweise im „Intermezzo" versteckte Gruß an Rheinberger könnten außerdem mit dem Tod von dessen Frau Fanny von Hoffnaaß am 31.12.1892 zusammenhängen. Das ließe sich wieder in Einklang bringen mit Kneplers These von der Terzkette als Todessymbol (s.o.).

Takte die Funktion eines Vorspiels, das die „Stimmung" des Stückes vorbereitet. Die zweiten vier Takte können insofern als Hauptgedanke betrachtet werden, als sie als fünfte Gruppe von vier Takten bereits im ersten Teil wiederholt werden. Der Hauptgedanke, dessen Beziehung zu dem Adventlied „Macht hoch die Tür" oben erläutert wurde, basiert auf dem Romanesca-Baßmodell, das im 16. Jh. als Ostinato fungierte. Er wird frei phantasierend, pseudo-variativ „fortgesponnen". Das geschieht mittels einer Reihung musikalischer Phrasen, die – von der Ausnahme am Ende abgesehen – durchgehend vier Takte lang sind. Sie beziehen sich vage aufeinander, stehen aber nicht in kontrastierendem Verhältnis zueinander. Mit Dauern von 1 bis 8 sowie je einmal 10 und 18 Achteln wird eine hohe Anzahl rhythmischer Modelle von der Länge eines Taktes hergestellt. Diese Buntheit gibt dem Stück den Anschein des Improvisierten. Kontrastlosigkeit, Viertaktigkeit, Improvisation – all das erzeugt den Eindruck von Statik: Die Musik ruht in sich, sie läuft (quasi ungeformt) in der Zeit ab. Möglicherweise soll mit „Abendfriede" das Gefühl von Zeitstillstand erzeugt werden.

Die Form von Brahms' „Intermezzo" ist „klassisch" dreiteilig: A1-B-A2. Metrische Grundlage sind auch hier Einheiten von vier Takten, allerdings sind sie höchst kunstvoll chiastisch gebaut: Am Anfang des Stückes werden zwei in Bezug auf die Motivik der Oberstimme unterschiedene Takte (a und b) so angeordnet: aa ab – ab aa. Im dritten Takt setzt die Unterstimme im Kanon-Verhältnis zur Oberstimme ein, woraus insofern satztechnische Konsequenzen gezogen werden, als die zweiten drei a-Takte als Synthese der ersten drei a- und der b-Takte gelesen werden können. Die Oberstimme, die wechselnd imitierende Unterstimme, Satztechniken und Harmonik – alles ist entwickelt aus dem Materialkern der Komposition, dem Intervall der Terz.

Die Oberstimme des folgenden, kontrastierenden B-Teils beginnt eine Oktave tiefer mit der gleichen Terz wie am Anfang. Daraus wird durch Intervall-Vergrößerung und Transposition neues Material für den B-Teil gewonnen. Dieser in der Paralleltonart D-Dur (der Tonart von „Abendfriede") stehende Mittelsatz verschleiert und erweitert die Viertaktigkeit, führt aber wieder zum variierten A-Teil mit seiner Periodik zurück.

Rhythmisch kommt die Komposition mit einigen wenigen Modellen aus, die auf Sechzehnteln basieren. Im A-Teil wird jedes, im B-Teil fast jedes Sechzehntel „besetzt". Die Reprise (A2) bringt zunächst eine

Variante der ersten drei Takte durch die neue rhythmische Farbe[30] – die Variante der Terzkette wird auf Sechzehntel-Triolen beschleunigt – und wiederholt die nächsten fünf Takte wörtlich. Es folgen drei weitere analog variierte Takte und ein neuer Takt. Neun (8+1) weitere Takte bilden die Coda. Dadurch ist die Reprise gegenüber den ersten 16 Takten auf insgesamt 21 Takte erweitert. Nicht nur auf motivischer, sondern auch auf formaler Ebene kann man metaphorisch behaupten, daß sich das „Intermezzo" in der Coda hemmungslos ausweint.[31] Der Mittelsatz besteht aus 30 (14+16) Takten. Zwischen den ungleich gewichteten A-Teilen sorgt der B-Teil für formales Ebenmaß. Auch Rheinbergers Komposition hat wohl abgewogene Proportionen: 28+25 (=18+7) Takte. Allerdings wirkt Brahms' „Intermezzo" erheblich geschlossener.

Brahms geht auf originale Weise mit traditionell Vorgebildetem wie der dreiteiligen Liedform, der Viertaktigkeit sowie modaler und (gerade im Mittelsatz) kadenzieller Harmonik um. Die Wahl der verwendeten Mittel besticht durch Ökonomie und Rationalität. Das Terzenfeld ist nicht bloß ein „Stimmung machender" Einfall, sondern die erste Entwicklungsstufe des Materialkerns, der Terz. Brahms' Anleihe kann – in der Weise, wie sie in seinem Klavierstück verarbeitet wird – durchaus als Äußerung zu Rheinbergers Schaffen verstanden werden. Im Vergleich betrachtet, wirkt das „Intermezzo" wie eine Korrektur des Orgelstücks.

VII Schluß

Beide Komponisten beziehen sich auf musikalische Tradition, allerdings in verschiedener Weise. Der Begriff des „Konservativen" scheint mir nicht besonders geeignet, die offensichtlich unterschiedliche Bezugnahme zu charakterisieren. (Ohnehin handelt es sich dabei um eine Art Kampfbegriff, mit dessen Hilfe sich die „Fortschrittspartei" der Neudeutschen Schule, also die Nachfolger und Anhänger Liszts und Wagners, von den Traditionalisten absetzen wollte.) Rheinberger verwendet tradierte Satztechniken, die normativen Charakter haben. Er komponiert so, wie es in den Theorielehrbüchern steht bzw. wie er selbst unterrichtet. Treffender scheint mir daher der Begriff des „Akademischen" Rheinbergers Bezugnahme auf Tradition zu charakterisieren. Der religiöse Aspekt seines Komponierens darf dabei nicht außer acht gelassen werden.

---

[30] Eingeführt wird diese rhythmische Farbe im Mittelsatz: T. 37-39.
[31] Zur zentralen Rolle des Dreitonmotivs am Schluß des Klavierstücks s.o.

Für Brahms hat Hanns-Werner Heister den Begriff des „geschichtsbewußten und zugleich zukunftsweisenden Klassizisten, Romantikers und Historisten"[32] vorgeschlagen – die Formulierung spricht in ihrer Länge und Widersprüchlichkeit beredt von den Schwierigkeiten, Brahms' Komponieren ein Etikett zu verpassen. Wie sich anhand des „Intermezzo" op. 119 Nr. 1 zeigen ließ, wird hier aus wenig Material alles gebaut – auch das war es, was Schönberg als das Fortschrittliche an Brahms der Erwähnung wert war[33]. Und gerade der ungewöhnliche Beginn von „Abendfriede" op. 156 Nr. 10 entpuppt sich bei Rheinberger als „Tupfer", als Einfall ohne Folgen. Im Verein mit dem Titel drängt sich eine konkret bildhafte Deutung geradezu auf, nämlich die des Sonnenuntergangs. Bei Brahms ist der beinahe identische erste Takt insofern strukturell konstitutiv, als das Intervall der Terz der Kern, das Ausgangsmaterial für das ganze Stück ist. Die Deutung seines semantischen Gehaltes scheint nur auf Umwegen möglich. Nicht nur der Komponist, das Werk selbst sperrt sich poetischen Titeln.

In *Die Kunst, ohne Einfälle zu komponieren*[34] zeigt Klaus K. Hübler, inwieweit diese Formulierung, die von Hugo Wolf abwertend in Bezug auf Brahms' Œuvre gemeint war, auf Kompositionen von Brahms zutrifft. „Wie er dabei von unscheinbarem Material ausgehend in einem Prozeß musikalischer Selbstreflexion zu differenziertesten Verflechtungen gelangt, das ist seine von aller früheren verschiedene Kunst, ohne Einfälle zu komponieren."[35] Den Einfall betrachtete Brahms als „Gnadengeschenk", für das er sich nicht verantwortlich fühlte. Hier sollte gezeigt werden, daß Brahms nicht nur ohne Einfall komponiert, sondern sogar noch den fehlenden Einfall bei Rheinberger entliehen hat. Dieser wird eben nicht als besonders individueller Einfall Rheinbergers, sondern gerade wegen seiner allgemeinen Materialstellung für Brahms so attraktiv gewesen sein. Das daraus entwickelte *Intermezzo* ist – auch in semantischer Hinsicht – ein selbständiges und höchst artifizielles Werk. Daher kann Brahms' Anleihe bei Rheinberger nicht als Plagiat gewertet werden – nicht, weil

---

[32] In: Hanns-Werner Heister (Hg.), *Johannes Brahms oder Die Relativierung der „absoluten" Musik*, Hamburg 1997, S. 8.

[33] Arnold Schönberg, *Stil und Gedanke*, vor allem S. 132-145.

[34] In: Heinz-Klaus Metzger und Rainer Riehn (Hg.), *Aimez-vous Brahms, „the Progressive"?*, München 1989 (Musik-Konzepte 65), S. 24-40. Hier geht Hübler auch auf das *Intermezzo* op. 119 Nr. 1 ein.

[35] Ebd., S. 40.

das Übernommene kollektiver Besitz wäre, sondern weil Brahms' Art, ohne Einfall zu komponieren, das Eigentliche seiner Musik ausmacht.

Matthias Schneider

Choralthemen in Gabriel Josef Rheinbergers Orgelsonaten?

Gabriel Josef Rheinbergers kompositorisches Œuvre ist breit gestreut: von Bühnen- und Orchesterwerken reicht es über weltliche Lieder, Kammer- und Klaviermusik bis zu Kirchenmusik in der ganzen Breite des üblichen Repertoires (einschließlich Messen und Oratorien) und – Orgelmusik. Das Orgelœuvre wiederum lässt sich in 20 Sonaten sowie Trios, Fughetten, Charakterstücke, Monologe, Meditationen, Miscellaneen und anderes mehr gliedern. Der Kenner typischer Orgelmusik vermisst hingegen eine Sparte der Orgelmusik, die bis zu Rheinberger – von wenigen Ausnahmen abgesehen – zum üblichen Bestand gehörte: Choralbearbeitungen. Das mag verwundern, wenn wir uns vergegenwärtigen, daß sich Rheinberger nicht nur bereits in jungen Jahren auf der Orgel versuchte, sondern bald auch regelmäßig Organistendienst in Gottesdiensten versah. Ein von Mutter und noch ungeborenem Sohn glücklich überstandener Sturz während der Schwangerschaft hatte den Anlaß dazu geboten, daß der Vater eine Orgel für die Vaduzer Florianskapelle stiftete, und Rheinberger hatte bereits als Neunjähriger an diesem Instrument begonnen, das Orgelspiel zu erlernen. Dazu mußte – seine Füße waren noch zu kurz – eigens ein zweites, erhöhtes Pedal als Sattel darauf konstruiert werden.[1] Jahrelang versah der junge Rheinberger an dieser Orgel seinen Dienst, auch noch, als er im Vorarlbergischen Feldkirch unter die Fittiche Philipp Schmutzers (1821–1898) kam und die Strecke von zwölf Kilometern (einfache Entfernung) jeweils sonntags zu Fuß zurücklegen mußte.

Ein Blick auf die Zeitumstände mag hilfreich sein, um zu erschließen, welche Gründe den Komponisten dazu geführt haben könnten, sich anders zu orientieren. Da ist auf der einen Seite auf den langen und allmählichen Niedergang der Orgelmusik im Kultus hinzuweisen, eine Trennung der allgemeinen musikalischen Entwicklung von Tendenzen in der Kirchenmusik, die mit einem gleichzeitigen Aufschwung des öffentlichen Konzertlebens einhergingen. Die bedeutenden Komponisten konnten häufig zwar die Orgel noch spielen, aber sie hatten in ihrer kompositorischen Tätigkeit kein nennenswertes Interesse mehr an ihr.

---

[1] Vgl. Elisabeth und Hans-Josef Irmen, *Gabriel Josef Rheinberger und Franziska von Hoffnaaß. Eine Musikerehe im 19. Jahrhundert*, Zülpich 1990, S. 18.

Eine solche Linie lässt sich etwa von Mozart über Robert Schumann bis zu spätromantischen Komponisten wie Anton Bruckner ziehen.

Zugleich wandte sich die katholische Kirche im Caecilianismus dem Ideal einer „wahren, echten" Kirchenmusik zu, der theologisch eine ausschließlich dienende Funktion zukam – jeglicher musikalisch-künstlerische Autonomie-Anspruch wurde in die Schranken verwiesen. Palestrinas Kontrapunkt stellte eine kompositorischen Norm dar, in der das Ideal der Einfachheit und das Verlangen nach Durchsichtigkeit, stilistischer Einheitlichkeit und ruhigem Grundzeitmaß am besten verwirklicht schien.[2] Im Münchner Oratorienverein, den Rheinberger bereits vierzehnjährig als Chorrepetitor begleitete und dessen Leitung er 1864 als 1. Dirigent übernahm, lernte er das entsprechende Repertoire kennen – als Hofkapellmeister an der Allerheiligen-Hofkirche sollte er wenig später, wie Martin Weyer es ausdrückt[3], sogar „ein noch prominenteres chorisches Arbeitsgebiet" betreuen.

Den angehenden Komponisten dürfte dieser Bereich weit weniger interessiert haben als das öffentliche Musik- und Konzertleben, in das ihn seine Lehrer Sebastian Pöhly und Franz Lachner und später der Universalgelehrte Franz Emil von Schafhäutl einführten. Für die gründliche Auseinandersetzung mit Orgelmusik fand er seinen Lehrer in der Person Johann Georg Herzogs, der den „Eleven" Rheinberger am Münchner Konservatorium unterwies, an jenem Institut also, an dem Rheinberger später selbst als Kompositionslehrer so viele Jahre unterrichten sollte. Diese Auseinandersetzung bezog sich – neben der Spieltechnik – auf kompositorische Gattungen und Formen, wie sie im Konzertleben auch anderer Instrumente eine Rolle spielten. Und so schrieb Rheinberger seine erste eigene Musik für die Orgel ganz offenbar ebenfalls für konzertante Anlässe und nicht für den liturgischen Gebrauch (dafür stellte er ebenfalls Musik bereit: Messen und Oratorien, Motetten u.a.m.). Diese Bestimmung seiner Orgelmusik zeigt sich nicht zuletzt darin, daß eine musikalische Gattung, die in der Kirche noch am wenigsten Fuß gefaßt hatte, zur Hauptgattung seiner Orgelmusik wurde: die Sonate.

Bei allen Unterschieden im Werdegang wie auch im kompositorischen Œuvre insgesamt teilt Rheinberger dieses Merkmal mit Mendelssohn, dessen sechs Orgelsonaten – wenngleich gar nicht einmal als Sonaten

---

[2] Vgl. Winfried Kirsch, Art. „Caecilianismus", in: MGG² Sachteil Bd. 2, 1995, Sp. 317-318.

[3] Martin Weyer, *Die Orgelwerke Josef Rheinbergers. Ein Handbuch für Organisten*, Wilhelmshaven 1994 (Taschenbücher zur Musikwissenschaft 118), S. 12.

im emphatischen Sinne entstanden – seinen wesentlichen Beitrag zur Orgelmusik darstellen. Auch bei Mendelssohn gibt es praktisch keine kompositorischen Aktivitäten auf dem Gebiet der Choralbearbeitung für Orgel. Dafür spielt der Choral in seinen sechs Sonaten eine umso größere Rolle: etwa „Was mein Gott will, das g'scheh allzeit" im ersten Satz der 1. Sonate (ohne die Frage, welche Rolle der Choral als thematisch-motivisches Material in den Folgesätzen spielen mag, hier auch nur ansatzweise diskutieren zu können), „Aus tiefer Not schrei ich zu dir" in der Fuge der dritten Sonate oder „Vater unser im Himmelreich" als Thema einer Variationenfolge in der sechsten.

Welche Rolle spielt der Choral in Rheinbergers Sonaten? – Dieser Frage gehe ich mit meinem Beitrag nach. Dabei stehen die *Themenbildung* und *Themenverarbeitung*, wie sie als Schlüsselbegriffe im Programmheft ausgewiesen sind, im Zentrum: es geht also sowohl um die Gestaltung des thematischen Materials als auch um seinen Einsatz in verschiedenen formalen Konzeptionen in seinen Sonaten.

*

Rheinbergers 20 Sonaten lassen sich drei Phasen zuordnen: Während die ersten vier, 1869–1877 entstanden, überkommenen formalen Vorbildern aus Barock und Klassik folgen, tendieren weitere dreizehn Sonaten bereits zur symphonischen Großform, indem ihre Ecksätze wesentlich erweitert werden und hochromantische Charakterstücke sowie in der Regel ein Scherzo rahmen. Die letzte Gruppe, die Sonaten 18–20, setzen diesen Trend fort und stellen zweifellos reife Werke symphonischen Ausmaßes von einem Komponisten dar, der in allen Gattungen gleichermaßen zu Hause ist.

Unter den recht populären Sonaten der ersten Gruppe finden sich zwei, die explizit Choralthemen verarbeiten: die Sonate Nr. 3 in G-Dur op. 88 und die Sonate Nr. 4 in a-Moll op. 98. Während die G-Dur-Sonate mit dem achten Psalmton einsetzt (worauf Rheinberger im Manuskript eigens in einer Fußnote hinweist), verarbeitet die vierte Sonate den *Tonus peregrinus*, den wir im allgemeinen mit dem Magnificat verbinden. Etwas anders verhält es sich hingegen mit der Sonate Nr. 2 in As-Dur op. 65 , deren erster Satz ein choralartiges Thema verwendet, ebenfalls gleich zu Beginn des Kopfsatzes:

Notenbeispiel 1
Sonate Nr. 2 op. 65, Thema

Martin Weyer weiß, daß dieses Thema „sicher nicht als Choralanspielung gedacht [ist] (Jesu, meine Zuversicht). Dagegen spricht nicht nur der harmonische Verlauf, sondern mehr noch die Tatsache, dass Rheinberger seine Sonaten für den Konzertsaal schrieb und jede ‚Kirchlichkeit' mit Hilfe von Choralzitaten vermied." „Darin", so fährt Weyer fort, „unterscheidet er sich von Mendelssohn: In dessen f-Moll-Sonate wird der Zwiespalt zwischen Kirche und Konzertsaal, zwischen Choral und Sonatenform sowie – möglicherweise autobiographisch – zwischen jüdischer Emanzipation und Anpassung an das Luthertum geradezu auskomponiert. Das war aber nicht Rheinbergers Problem."[4]
Doch was *war* Rheinbergers Problem? – Um dieser Frage näherzukommen, wenden wir uns zunächst den beiden Sonaten Nr. 3 und 4 zu, die explizit Choralthemen tragen, um später noch einmal auf die Sonate Nr. 2 zurückzukommen. Daß die Themen der dritten und vierten Sonate rein musikalisches Material darstellen, dürfte auf der Hand liegen: die Psalmtöne sind ja gerade Modelle, die nicht – wie etwa lutherische Kirchenlieder – mit einem bestimmten Text zu einer festen Einheit verschmelzen (man denke nur an Max Regers Choralfantasie „Ein' feste Burg ist unser Gott" op 27, bei der sowohl die markante Melodie als auch die vier Textstrophen vollständig auskomponiert werden). Damit vermittelt Rheinbergers Choralthema nicht mehr als eine allgemein-religiöse Aura.
Eberhard Kraus hat gezeigt, welche Konstruktionsprinzipien aus den Themen der 1875 entstandenen 3. Sonate abgeleitet werden können[5]: Demzufolge ist in Rheinbergers Fassung nicht nur der Psalmton selbst spiegelsymmetrisch angelegt, so daß sich die zweite Hälfte des Themas fast wie der Krebs der ersten lesen läßt. Auch das 6/8-Motiv, das in den

---

[4] Weyer, *Die Orgelwerke Rheinbergers*, S. 45-46.
[5] Eberhard Kraus, *Die formale und motivische Einbindung des Choralthemas in Mendelssohns erster und Rheinbergers dritter und vierter Orgelsonate*, in: Hermann Dechant und Wolfgang Sieber (Hg.), *Gedenkschrift Hermann Beck*, Laaber 1982, S. 161–187.

*Erste Seite des Autographs von Rheinbergers Sonate Nr. 3, op 88
mit Kennzeichnung in der Fußnote: „der achte Psalmton"*

Manualstimmen auf das Psalmtonzitat folgt, läßt sich – nach Kraus – aus dem Psalmtonthema ableiten, indem es jeweils die in Rheinbergers Fassung des Psalmtons akzentuierten Noten nebeneinanderstellt. Die folgende Figur ist dann nichts anderes als die Umkehrung dieses Motivs, die – so wiederum Kraus – von der zweiten Note des Psalmtonmodells aus startet. (Näher liegt es für diese Note allerdings, einen Bezug zur vorletzten Note der Krebsform herzustellen, die von Rheinberger gedehnt und dadurch akzentuiert wird und im übrigen auf die anderen drei Noten folgt. Auf diese Weise schließt die Umkehrung des 3-Achtel-Motivs organisch an die Urform an und weitet den Blick auf das gesamte Choralthema.)

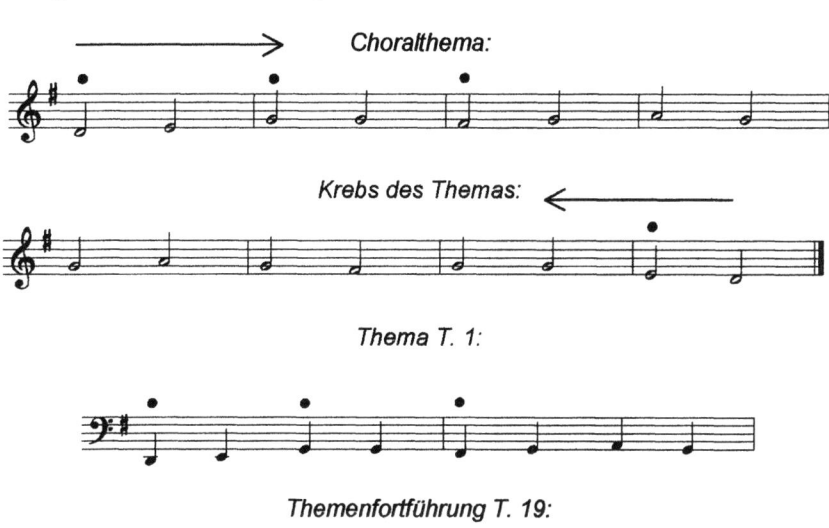

Manualfiguration T. 3 ff.:

Notenbeispiel 2
Sonate Nr. 3 op. 88, 1. Satz, Thema und Ableitungen

Auf weitere von Kraus postulierte Beziehungen zwischen Psalmton und Themen in den Sätzen 2 und 3 und deren Stichhaltigkeit möchte ich an dieser Stelle nicht eingehen, sondern vielmehr der Frage nachgehen, was mit dem Thema im ersten Satz geschieht.

- Beide Manualstimmen setzen kanonisch mit dem oben dargestellten Achtelmotiv ein, um anschließend in freier Fortspinnung den Pedaleinsatz der zweiten Themenhälfte vorzubereiten. Dabei bleibt der Orgelsatz dreistimmig, wodurch angesichts der dynamischen Anweisung „ff" ein merkwürdiges Klangbild entsteht. In T. 19 beginnt mit dem Einsatz der zweiten Themenhälfte das Spiel von neuem: einstimmiges Pedal, begonnen wiederum auf der Tonika, in diesem Fall jedoch auf der Dominante endend, was für die Manualstimmen eine Versetzung des nun wieder folgenden kanonartigen Rankenwerks auf die Dominante ermöglicht.

- Erst nach weiteren 19 Takten tritt in T. 39 eine vierte Stimme hinzu: Über den figurativen Orgelsatz legt sich nun wie ein Cantus firmus der Psalmton in oktavierter Diskantlage. Anschließend ist der erste Satz der Sonate bereits fast zu Ende: nach kurzem chromatischem Abstieg in der neuen Oberstimme kadenziert Rheinberger vollgriffig („Grave") in fünf Codatakten.

In seiner monothematischen Anlage mit aus dem Thema abgeleitetem Rankenwerk läßt sich der Satz einordnen als Choralbearbeitung mit pastoralem Charakter; die Themenzitate im Pedal können gewissermaßen als Vorimitationen gedeutet werden, bevor – im zweiten Teil – ein vollständiger c.-f.-Durchgang im Diskant folgt. Das kompositorische Material bleibt auf das Thema und seine Ableitungen beschränkt, weder in melodisch-motivischer noch in harmonischer Hinsicht sind Entwicklungen zu beobachten, die den zu Beginn gesteckten Rahmen sprengen oder auch nur nennenswert erweitern würden.

Martin Weyer findet für diese Konzeption kaum lobende Worte[6]; vielmehr zielt seine Rezension der Sonate auf den Schlußsatz und dessen formale Nähe zur Sonatenhauptsatzform: „Die Fuge versöhnt uns indessen völlig. Wie in der zweiten Sonate auch, reagiert sie auf gewisse ‚Sonaten-Ansprüche' um den Preis ihrer Selbständigkeit: In Takt 32 beginnt, tonartlich und satztechnisch deutlich abgesetzt, ein Seitenthema, das T. 138 ff auch reprisenartig in der Grundtonart wiederkehrt."[7]

Eberhard Kraus hat das Fugenthema dieses letzten Satzes ebenfalls aus dem Psalmton abgeleitet, wobei hier bereits größere Klimmzüge notwendig sind. Für angemessener halte ich demgegenüber, von einer Assoziationskette zu sprechen, die – ausgehend vom Psalmton – zunächst zum Achtelmotiv des ersten und anschließend zum Kopfmotiv des Fugenthemas im dritten Satz gelangt, das anschließend sequenziert und fortgesponnen wird.

Notenbeispiel 3
Sonate Nr. 3 op. 88, 3. Satz, Thema

„Sonaten-Ansprüche", wie Weyer sie für den Satz postuliert hatte, kann ich allerdings beim besten Willen nicht erkennen: Eine erste Durchführung des Fugenthemas in der Exposition bietet nach vier Themeneinsätzen (Dux–Comes–Dux–Comes) und einem sequenzierenden Zwischenspiel abschließend zwei enggeführte und verkürzte Themeneinsätze. Anschließend wird in einem akkordischen Satz der Psalmton vorgestellt und zwei weitere Male wiederholt (Diskant–Bass–Diskant), bevor in der Tonikaparallele eine neue Fugendurchführung beginnt, dieses Mal mit einem chromatischen Kontrapunkt. Auch diese Durchführung mündet in ein ausgedehntes

---

[6] Weyer, *Die Orgelwerke Rheinbergers*, S. 48-49.
[7] Ebd., S. 49.

motivisch-sequenzierendes Zwischenspiel. Hieran schließt sich ein zweiter Abschnitt an, in dem an die Stelle fugiert-kontrapunktischer Setzweise ein Bizinium tritt: der Psalmton, kombiniert mit einer aus dem vorangegangenen Zwischenspiel fortgesponnenen Sechzehntelgruppe (von T. 114 an). Die letzte Fugendurchführung beginnt in T. 123 mit einem Einsatz des Themas im Baß und einer vollgriffigen Choralharmonisation in den Manualstimmen. In einem weitschweifigen Satz, der aus gelegentlichen Themenzitaten in der Tonika sowie schier endlosen Sequenzketten besteht und die Zwischenspielmotive aus den vorigen Teilen der Fuge versammelt, endet die Fuge.

Handelt es sich hier, wie Kraus formuliert, um eine „unzweifelhaft vorhandene Verschmelzung von Fuge und Sonatenform"?[8] Auch das vermag ich so nicht zu erkennen: viel eher handelt es sich um eine Fuge mit einigen Zwischenspielen. Die erste Durchführung verarbeitet das Fugenthema bereits ausführlich, bevor das Psalmthema vorgestellt wird. Zwei weitere Durchführungen versetzen das Thema auf die sechste und die dritte Stufe sowie – als Reprise – wieder zurück in die Ausgangssituation. Der Psalmton hingegen erfährt gar keine Durchführung, sondern wird nach seiner Vorstellung auf der Tonikaparallele nur ein weiteres Mal erwähnt, bevor er in der Reprise zur Steigerung mit dem Fugenthema kombiniert wird – ein Verfahren, das an die gut zwei Jahrzehnte später entstandenen Schlußfugen von Max Regers Choralfantasien erinnert.

Damit hinterläßt die dritte Sonate einen konservativen Eindruck, orientiert an barocken Formen wie Choralbearbeitung und Fuge, keineswegs an der klassischen Sonatenhauptsatzform und schon gar nicht an spätromantischen Interpretationen dieser Form, wie sie sich etwa in der Klaviermusik finden.

*

Rheinbergers 4. Sonate op. 98 in a-Moll ist nur ein Jahr später (1876) entstanden. Sie ist noch populärer als die vorangegangene und verarbeitet den *Tonus peregrinus*, also jenen Psalmton, mit dem wir gemeinhin das Magnificat assoziieren. „Man macht es sich sicherlich zu leicht", schreibt Kraus, „wenn man im ersten Satz ‚einen Sonaten-Hauptsatz von klassischer Ausgewogenheit' sieht".[9] Weyer hingegen

---

[8] Kraus, *Einbindung des Choralthemas*, S. 168.
[9] Ebd., unter Hinweis auf Martin Weyer, *Die deutsche Orgelsonate von Mendelssohn bis Reger*, Regensburg 1969 (Kölner Beiträge zur Musikforschung, hg. von Karl-Gustav Fellerer), S. 178.

nimmt für diesen Satz die Sonatenhauptsatzform in Anspruch, indem er sagt: „Wenn gelegentlich behauptet wurde, der klassische Sonatenhauptsatz sei für die Orgel ungeeignet, so ist der erste Satz der vierten Sonate op. 98 der beste Gegenbeweis."[10]

Wie ist der Satz aufgebaut? Das erste Thema (in a-Moll) zeichnet sich durch variierende und sequenzierende Wiederholungen aus, ein Zug, der an Rheinbergers Kompositionen häufiger zu beobachten ist (vgl. etwa die Themengestaltung im 3. Satz der eben diskutierten 3. Sonate, Notenbeispiel Nr. 3).

Notenbeispiel 4
Sonate Nr. 4 op. 98, 1. Satz, Thema

Das Thema wird nach einem kurzen, in allen Stimmen chromatischen Zwischentakt auf der Subdominante wiederholt und weitergesponnen. In T. 20 wird ein neues Motiv eingeführt, das einige Aufmerksamkeit auf sich zieht: eine in Punktierten aufsteigende Motivbewegung, die von perlenden Akkordbrechungen in der linken Hand des Spielers begleitet wird. Die Arbeit mit diesem Motiv ist beinahe so lang wie die Vorstellung des ersten Themas und endet in T. 37 in G-Dur, Vorlage für die nun in C-Dur beginnende choralartige Vorstellung des *Tonus peregrinus*. Rheinberger vermerkt auch hier in den Noten den Einsatz des Psalmtons. Als würde hier ein völlig neues Stück beginnen, schreibt Rheinberger zunächst einige Variationen über das neue Thema, während derer sich die Bewegung über duolische Achtelnoten zu Achteltriolen steigert, bevor eine Überleitung (mit Hilfe der Achteltriolen) einen neuen Einsatz des ersten Themas in c-Moll vorbereitet (T. 72).

In dem nun folgenden, von Weyer und Kraus als Durchführung bezeichneten Abschnitt werden die Themen nicht miteinander verarbeitet, sondern unvermittelt gegeneinander gestellt: Jeweils zwei Takte der einen und zwei Takte der anderen Themengruppe wechseln einander ab, wobei die Teilung der Begleitbewegung in duolische bzw.

---

[10] Weyer, *Die Orgelwerke Rheinbergers*, S. 50.

triolische Achtel den Kontrast verstärkt. Eine Verschränkung der beiden separaten Motivgruppen wird von Rheinberger lediglich dadurch angedeutet, daß die Melodie des Psalmton-Themas aus der ersten Gruppe (gekennzeichnet mit •) mit der ersten Note der Triolen-Figuration in der Oberstimme der zweiten Gruppe fortgeführt wird (im folgenden Notenbeispiel gekennzeichnet mit ■). Allerdings geht diese Verschränkung über die erste Note nicht hinaus: eine echte Verbindung von Choralthema und Triolenmotivik findet nicht statt.

Notenbeispiel 5
Sonate Nr. 4 op. 98, 1. Satz, T. 75

Nach längerem Spiel mit den Versatzstücken aus beiden Themenbereichen, die nun immer länger werden, gibt es eine förmliche Reprise, in der der *Tonus peregrinus* und der Kopf des ersten Themas miteinander kombiniert erscheinen (T. 128 ff.). Nach dieser Steigerung schließt der Satz in einer fulminanten Kadenz in A-Dur.
Zweifellos lassen sich die Elemente der (getrennten) Themenvorstellung und ihre Verarbeitung mit der klassischen Sonatenhauptsatzform in Verbindung bringen, wenngleich ebensowenig Zweifel angebracht sein dürften, daß es sich hier um eine äußerst individuelle und singuläre Interpretation dieser Form handelt.

*

Nach einer eher barocken Bearbeitungsweise des Chorals in der dritten Sonate und einer der Sonatenhauptsatzform näher stehenden in der vierten wenden wir uns nun noch einmal der zweiten Sonate zu. Entstanden im Jahr 1871, trägt sie den Titel „Fantasie-Sonate". Ihr erster Satz erweckt zunächst den Eindruck eines – freilich frei interpretierten – Variationensatzes. Eine Grave-Einleitung mit mehrmaliger Vorstellung des ersten Themas (vgl. Notenbeispiel Nr. 1, oben S. 55), gefolgt von einer Allegro-Fortsetzung mit Achtelkette als Kontrapunkt sowie ein freies Spiel mit Akkordspannungen, wirkungsvoll, aber thematisch nicht gebunden, gehen der Einführung eines neuen Themas voraus, das in T. 92 auf den Plan tritt und – wie das erste – einen choralartigen Duktus hat.

Es war wiederum Eberhard Kraus, der dieses zweite Thema mit dem Choral „Jesus, meine Zuversicht", in diesem Fall mit der zweiten Liedzeile, in Verbindung gebracht hat:

Notenbeispiel 6
Choral „Jesu, meine Zuversicht", Zeilen 1 und 2

Die Ausbildung des zweiten Themas läßt sich in mehreren Phasen nachzeichnen: zunächst wird die zweite Choralzeile um ihre waagerechte Achse gespiegelt und rückwärts gespielt (Krebs-Umkehrung). Anschließend wird die erste Note (a) gegen ein e ausgetauscht und die Noten werden rhythmisch egalisiert. Das Thema erklingt in der Ausgangstonart des ersten Satzes (As-Dur):

Spiegelung der Choralzeile um die mittlere Notenlinie:

melodische und rhythmische Modifikation:

endgültige Themengestalt in As-Dur:

Notenbeispiel 7
Sonate Nr. 2 op. 65, 2. Thema (T. 92)

Es steht außer Frage, daß Rheinberger das Kirchenlied „Jesus, meine Zuversicht" gekannt hat – abgesehen davon, daß es weite Verbreitung gefunden hatte, wird seinem Orgellehrer Johann Georg Herzog nachgesagt, er habe das Lied „oftmals bearbeitet"[11]. Auch in seiner Orgelschule, die Martin Weyer in seinem Rheinberger-Büchlein vorgestellt hat, gibt es eine Bearbeitung des Liedes.[12] Warum hat Rheinberger das Material verwendet, aber nicht – wie im Fall der beiden Psalmtöne – in den Noten gekennzeichnet?
Möglicherweise gibt die Art der Themenbildung eine Antwort auf diese Frage. Rheinberger verwendet nicht die ganze Melodie, sondern lediglich ihre Stollen. Auf diese Weise erhält er ein Thema, das in seiner Länge dem der beiden Psalmtöne in den Sonaten Nr. 3 und 4 entspricht. Die erste Zeile hat Rheinberger darüber hinaus an ihrem Ende entscheidend verändert: an die Stelle der Abwärtsneigung um den Halbtonschritt *c-h* tritt durch die Umformung bei ihm eine Steigerung ins Monumentale, ja geradezu Heroische (vgl. Notenbeispiel Nr. 1, S. 55). Diese Wirkung wird durch die mehrfache Wiederholung desselben Vorgangs auf ansteigenden Tonstufen noch wesentlich gesteigert.
Daß der Choral nicht als vollständiges Zitat, sondern lediglich in seinen ersten beiden Zeilen erklingt, mag darauf hindeuten, daß auch hier – wie bei den Psalmton-Sonaten – gar nicht der spezielle Choral

---

[11] Eberhard Kraus, *Miszellaneen zu Rheinbergers Orgelsonaten*, in: *Musica sacra*, Regensburg 1989, S. 303.
[12] Martin Weyer: *Die Orgelwerke Josef Rheinbergers*, S. 19–26. S. 23: „Seite 70 beginnt die ‚dritte Abtheilung' mit vielseitigem Choralspiel – z. B. auch mit dem c. f. im Alt mit 4'-Pedal, im Tenor mit 8'-Pedal und als Baß mit 16'-Pedal. Wie schon früher gelegentlich, so gibt er hierzu auch Registrieranweisungen. Der Choral ‚Jesu, meine Zuversicht' soll mit obligatem Sopran-c.f. *so* gespielt werden (S. 73): Cantus firmus auf Hauptwerk mit Trompete 8', Gedeckt 8', Prinzipal 8' und Oktave 4'; Mittelstimmen Oberwerk mit Geigenprinzipal 8' und Gedackt 8'; Pedal: Subbaß 16', Violonbaß 16', Violoncello 8'."

(und damit ein semantischer Bezug) gemeint ist, sondern vielmehr seine allgemein-religiöse Aura. Die Steigerung ins Monumentale in Rheinbergers Fassung der ersten Zeile evoziert eine ähnliche Situation wie etwa die monumentalen Steigerungen in den „Trois Chorals" von César Franck – Heroik und Pathos, die sich nur noch auf allgemein-religiöse Stimmungen beziehen lassen, nicht mehr auf konkrete Glaubensaussagen und -Inhalte.

Insofern bedeutet die Verwendung von Choralthemen bei Rheinberger eine Reduktion auf die *Idee* des Chorals, dem weder ein konkreter dogmatischer Gehalt noch ein näher zu bestimmender musikalischer Affekt eigen ist. Stellen seine Orgelsonaten nun Musik für das Konzertpodium dar, so klingt in der Aura des Religiösen – und zwar insbesondere in einigen frühen Sonaten Rheinbergers – entfernt die Sphäre des Kirchlichen an, welcher die Orgel und ihre Musik vor ihrer endgültigen Emanzipation ursprünglich einmal zugehörten.

Birger Petersen-Mikkelsen

Formale Lösungen in den Finalsätzen der späten Orgelsonaten Gabriel Josef Rheinbergers

Im Jahr des hundertsten Todestages von Gabriel Josef Rheinberger befindet sich der Referent, der einen vertieften Blick auf formale Aspekte der späten Orgelsonaten Rheinbergers werfen möchte, nach wie vor in der Position des Apologeten: Bei allem neu erblühenden Interesse für den Komponisten, insbesondere für dessen Orgelschaffen, führt das Spätwerk Rheinbergers nach wie vor ein Schattendasein, und vor allem die drei letzten Sonaten werden auch von der Rheinberger gegenüber grundsätzlich positiv eingestellten Kritik geringer eingeschätzt als sein Schaffen bis in die frühen neunziger Jahre. So interpretiert etwa Harvey Grace den Sachverhalt, daß die drei letzten Orgelsonaten keine Fuge mehr enthalten, als ein Zeichen nachlassender Energie des müde gewordenen Komponisten[1]. Dabei verlangt eine Beobachtung gerade des Umfelds dieser letzten Sonaten Nr. 18 bis 20, etwa die „Akademische Ouvertüre" op. 195, durch ihre kontrapunktischen Kniffe ebenso wie vieler satztechnischer Details der späten Sonaten eine Revision dieses längst überholten Urteils.

Die Frage nach der formalen Anlage der drei letzten Sonaten, auf die Grace anspielt, läßt sich allerdings kaum schlüssig und zuammenhängend beantworten: Allen Sonaten gemeinsam ist tatsächlich das Fehlen einer Fuge, die alle siebzehn vorangegangenen Werke (bis auf die 5. Sonate, die zwar im ersten Satz ausdrückliche polyphone Partien enthält, sonst aber „die Fuge als Form" nicht aufführt, und die 8.) insbesondere im Finalsatz prägte. Die 18. Sonate A-Dur op. 188, die 19. Sonate g-Moll op. 193 und die 20. Sonate F-Dur „Zur Friedensfeier" op. 196 entstanden allesamt zwischen 1897 und 1901. Dabei scheint dies nicht nur oberflächlich ihre einzige Gemeinsamkeit zu sein. Welche Wege beschreitet nun der Komponist zur Gestaltung der Finalsätze unter Auslassung der bislang vorherrschenden Fuge? Die Eröffnungs- und Mittelsätze der Sonaten 18 bis 20 halten an einer überkommenen Struktur fest, während ihre Finalsätze jeweils neue Wege zu gehen scheinen: Wolfgang Bretschneider vermutet im Vorwort seiner Ausgabe von 1991, daß diese späten Kompositionen „von den

---

[1] Harvey Grace, *The Organ Works of Rheinberger*, London 1925, vgl. Martin Weyer, *Die Orgelwerke Josef Rheinbergers. Ein Handbuch für Organisten*, Wilhelmshaven 1994 (Taschenbücher zur Musikwissenschaft 118), S. 122.

Orgelbautendenzen des ausgehenden Jahrhunderts beeinflußt zu sein scheinen"[2], eine Feststellung, die er auf die füllige, weitgehend homophone Satzweise, häufige Akkordverdoppelungen, Vollgriffigkeit und Oktavierungen zurückführt. Tatsächlich ersetzt ein neues Klangideal die bis zur siebzehnten Sonate noch polyphon gehaltenen Schlußabschnitte; auffällig ist mithin ein Minimum an thematischer Verarbeitung (was die oft ausgedrückte Geringschätzung dieser letzten Sonaten noch gefördert hat).

Im Folgenden soll die Frage nach den formalen Lösungen verfolgt werden, die Rheinberger von 1897 an versucht hat; dabei steht im Hintergrund durchaus die eigentliche Frage, ob die letzten drei Sonaten wirklich als zusammengehörende Gruppe gesehen werden können, wie es Bretschneider vorschlägt[3]. Nach einer Auseinandersetzung mit Schönbergs Thesen über Brahms unter dem Gesichtspunkt der Form (die Hinzuziehung eines weiteren Jubilars, der sich zu allem Überfluß auch noch zum Brahms-Jubiläum äußerte, ist nicht als maniert, sondern durch die Sache legitimiert zu verstehen!) mögen die Sonaten A-Dur, g-Moll und F-Dur auf ihre formalen Qualitäten hin untersucht werden. Eine Beschäftigung mit dem Klangideal Rheinbergers soll diese Untersuchung vorerst abschließen – gerade der Zusammenhang zwischen dem Orgelsatz Rheinbergers in diesen letzten Sonaten und einem idealisierten Streichquartettsatz ist die Beobachtung wert.

1. Brahms der Fortschrittliche

Als Arnold Schönberg im Februar 1933 (wohl im Frankfurter Rundfunk[4]) anläßlich des hundertsten Geburtstages von Johannes Brahms einen Vortrag hielt, den er 1947 – also zu Brahms' fünfzigstem Todestag – stark überarbeitet als *Brahms the Progessive, Brahms, der Fortschrittliche* in seine Sammlung *Style and Idea* aufnahm, befand er sich gleich zweifach in der Haltung des Apologeten: Einerseits suchte er mit seiner Arbeit als verantwortlicher Theoretiker die Einschätzung

---

[2] Wolfgang Bretschneider, Vorwort zur Ausgabe der zwanzig Sonaten Josef Rheinbergers, Bonn 1991.

[3] Ebd.

[4] Schönbergs Vortrag galt lange als verschollen; die deutsche Urfassung von *Brahms the Progressive* fand sich mit auf sie bezogenen Vorarbeiten und Notizen im Arnold Schoenberg Institute in Los Angeles; vgl. die von Ludwig Finscher besorgte Ausgabe in der Festschrift Rudolf Stephan, Laaber 1990, bzw. Albrecht Dümling, *Verteidigung des musikalischen Fortschritts: Brahms und Schönberg*, Hamburg 1990.

Brahms' als reaktionärer Gegenpol zu Wagner zu relativieren, indem er das Bild des 1897 verstorbenen Meisters geraderückte; andererseits war Schönberg 1933 noch viel mehr als später im amerikanischen Exil daran interessiert, für sein eigenes Schaffen eine Art historische Legitimation festzustellen. Indem Arnold Schönberg sich in die Brahmstradition unter bestimmten Gesichtspunkten einordnete, verteidigte er auch den von ihm vollzogenen Schritt zur Atonalität und schließlich zur Dodekaphonie.

„*Form in der Musik* dient dazu, Faßlichkeit durch Erinnerbarkeit zu bewirken. Ausgewogenheit, Regelmäßigkeit, Symmetrie, Unterteilung, Wiederholung, Einheit, rhythmische und harmonische Beziehungen und sogar Logik – keines dieser Elemente schafft Schönheit oder trägt auch nur zu ihr bei. Aber sie alle tragen bei zu einer Organisation, die die Darstellung des musikalischen Gedanken verständlich macht"[5] – mit dieser Feststellung beginnt Schönberg den zweiten Abschnitt seines Textes über Brahms (und eben auch über Schönberg). Das Thema seiner Arbeit dreht sich um den Begriff dieser Organisation, die weniger für eine subjektiv zu beurteilende Schönheit verantwortlich zeichnet, sondern deren Existenz sich einzig und allein auf der Darstellung des musikalischen Gedankens im Sinne einer „Faßlichkeit" gründet – „Faßlichkeit durch Erinnerbarkeit". „Die Sprache, in der musikalische Gedanken durch Töne ausgedrückt werden, entspricht der Sprache, die Gefühle oder Gedanken durch Worte ausdrückt, insofern, als ihr Wortschatz dem Intellekt, den sie anspricht, angemessen sein muß [...]. Die mehr oder weniger vollständige Ausnützung der Möglichkeiten dieser Komponenten [die oben angeführten Elemente der Sprachorganisation, Anm. d. Verf.] bestimmt den ästhetischen Wert und die Einordnung des Stils im Hinblick auf seine Popularität oder Tiefe."[6] Dieser Grundgedanke Schönbergs, der im Verlauf des Aufsatzes breit ausgeführt und schließlich an zwei ausgesuchten Werken Brahms' (dem Andante aus dem Streichquartett a-Moll op. 51 Nr. 2 und dem dritten der "Vier ernsten Gesänge" op. 121 „O Tod, wie bitter bist du!") dargestellt wird, ist einerseits in Beziehung zu setzen mit dem Begriff des musikalischen Gedankens, der in der Schönberg-Literatur immer

---

[5] Arnold Schönberg, *Brahms, der Fortschrittliche*, in: *Style and Idea*, New York 1950, deutsch *Stil und Gedanke. Aufsätze zur Musik* (Arnold Schönberg, *Gesammelte Schriften* I), hg. von Ivan Vojtech, Frankfurt am Main 1976, S. 55-56.

[6] Ebd., S. 56.

wieder vielseitig diskutiert wurde[7]; allerdings ist andererseits sein Begriff der Faßlichkeit für den zu untersuchenden Zusammenhang von größerem Interesse.

Das Prinzip der Faßlichkeit geistert – wenn auch gelegentlich unter anderem Namen – seit dem frühen 18. Jahrhundert nicht nur durch die musikalische Literatur. So gehört für Johann Mattheson, der 1739 mit dem *Vollkommenen Capellmeister* eine erste zusammenhängende Melodielehre in didaktischer Absicht veröffentlicht, zu den wichtigsten Aspekten einer Melodie die Faßlichkeit. Mattheson geht es um die Feststellung, daß in der Melodie (oder verallgemeinernd: in der Komposition) zwei Elemente zusammentreffen und stimmig zusammengehören müssen[8]: Die syntaktische Seite der Musik muß zusammenpassen mit der semantischen, der inhaltlichen Seite der Musik. Aus der Übereinstimmung ergibt sich die Faßlichkeit (oder, da der Begriff bei Mattheson so nicht erscheint) *Verständlichkeit*. Unter der Prämisse, daß der Mensch im Zentrum der Musik, als Ziel und Hauptzweck, steht, ist Verständlichkeit oberstes Gebot[9].

---

[7] Stellvertretend sei hier Mathias Hansen, *Arnold Schönberg. Ein Konzept der Moderne*, Kassel 1993 (insbesondere S. 137-153) genannt.

[8] Besonders hervorzuheben sind Matthesons Bemerkungen zum Prinzip der Leichtigkeit, „[...] eine ‚Leichtigkeit‘, die demnach als Faßlichkeit im Sinne eines pädagogisch-philantrophisch gesonnenen Zeitalters aufzufassen ist" (Carl Dahlhaus, *Die Musiktheorie im 18. und 19. Jahrhundert. Erster Teil: Grundzüge einer Systematik*, Darmstadt 1984 [Geschichte der Musiktheorie Bd. 10], S. 15); vgl. Johann Mattheson, *Der vollkommene Capellmeister, Das ist gründliche Anzeige aller derjeniger Sachen, die einer wissen, können, und vollkommen innehaben muß, der einer Capelle mit Ehren und Nutzen vorstehen will: zum Versuch entworfen von Mattheson*, Hamburg 1739, Reprint Kassel 1954, ⁶1995 (= Documenta Musicologica. Erste Reihe: Druckschriften-Faksimiles V, hg. von Margarete Reimann); Neusatz hg. von Friederike Ramm, Kassel 1999, S. 140 und 142-145 [228 und 230-234].

[9] Vgl. Birger Petersen-Mikkelsen, *Die Melodielehre des Vollkommenen Capellmeister Johann Mattheson. Eine Studie zum Paradigmenwechsel in der Musiktheorie des 18. Jahrhunderts*, Eutin 2001 (Eutiner Beiträge zur Musikforschung Band 1), S. 132-134. Die *Simplicitas* ist schon in der Rhetorik der Antike als bedeutsames Mittel des *color*, des beschönigenden Darstellens eines eigentlich wenig oder schwierig vertretbaren Falls im Rahmen der Gerichtsrede zu entdecken, so bei Quintilian, vgl. Karsten Mackensen, *Simplizität. Genese und Wandel einer musikästhetischen Kategorie des 18. Jahrhunderts*, Kassel 2000 [Reihe *Musiksoziologie*, hg. von Christian Kaden, Bd. 8], S. 182). Der Begriff ist also tief in der Rhetorik verankert – Parallelstellen ergeben sich etwa bei Cicero und später bei Bacon.

Den Zusammenhang mit den Grundelementen der Rhetorik, die als Rudimentärbasis schon (bzw. noch) die Veröffentlichung Matthesons von 1739 trägt, stellt auch Schönberg mit seinen Äußerungen zur Faßlichkeit am Beginn seines Vortrags dar, wenn er etwa auf den Kunstgriff der Wiederholung hinweist – allerdings verbunden mit der Konzession, daß „ein wacher und geübter Geist [verlangen wird], daß man ihm die weiter entlegenen Dinge, die weitreicherenden Folgen der einfachen Dinge erzähle, die er schon verstanden hat", deren Wiederholung sich also als durchaus überflüssig erweisen kann, und nachdrücklich fordert, „daß mit ihm in kurzer und verständlicher Sprache geredet werde"[10]. So liegt denn auch folgerichtig in den Ausführungen Schönbergs zum Aspekt der Faßlichkeit der Schwerpunkt auf der Darstellung „außerordentliche[r] motivische[r] Logik"[11], wie Schönberg sie dem Andante aus dem a-Moll-Quartett Brahms' und dessen Lied „O Tod, wie bitter bist du!" attestiert: Beide Sätze basieren auf einem Minimum an motivisch-thematischem Material, genauer auf einer einzigen Keimzelle, aus denen Brahms das musikalische Geschehen des ganzen Satzes abzuleiten imstande ist. Dabei betont Schönberg seinen Eindruck, daß der von ihm analysierte dritte Teil der „Vier ernsten Gesänge" ihm „ – trotz, oder gerade wegen seiner Vollkommenheit – der ergreifendste des ganzen Zyklus zu sein scheint"[12]: Höchste Expressivität wird also gefördert durch Konstruktivität auch im Detail.

„Es ist wichtig, sich klarzumachen, daß Brahms, ohne auf Schönheit und Gefühl zu verzichten, zu einem Zeitpunkt, als alle an ‚Ausdruck' glaubten, sich auf einem Gebiet als fortschrittlich erwies, das seit einem halben Jahrhundert brachgelegen hatte"[13]: Die Brahms-Analyse unter der Prämisse, Faßlichkeit durch motivische Logik darstellen zu wollen und darin die Fortschrittlichkeit Brahms' zu gründen, ist trotz aller umfänglichen Ausflüge, die Besonderheiten der vor allem klassischen Syntax wie etwa Asymmetrie oder Ungleichheit von Strukturelementen beschreiben, die eigentliche Quintessenz des Essays *Brahms der Fortschrittliche* – wobei es Schönbergs Denken fernlag, geschichtlichen „Fortschritt" umstandslos als „geradlinigen Weg zu einer vermeintlichen

---

[10] Schönberg, *Brahms*, S. 57-58.
[11] Ebd., S. 102.
[12] Ebd., S. 101.
[13] Ebd.; Schönberg spielt auf die von ihm problematisierte „Überwindung" des Stils der kontrapunktischen Konstruktion an (vgl. ebd., S. 66-67).

Vervollkommnung der Musik aufzufassen"[14]: „Die musikalische Form ist jedesmal neu Entstehendes und niemals außer dem fertigen Kunstwerk an sich Vorhandenes, Übertragbares und weiter Verwendbares. Konstant sind hierbei nur die Prinzipien [...], welche nur richtig erkannt und formuliert werden müssen um Form und Formen der jeweiligen Sachlage entsprechend zu überzeugen"[15].

2. Faßlichkeit in den späten Sonaten Rheinbergers

Es ist kaum sinnvoll oder auch möglich, die gleichen Kriterien, die Schönberg in seinen Betrachtungen an die Musik Brahms' angelegt hat, wie eine Folie auf die Musik Rheinbergers übertragen zu wollen: Dem Unternehmen steht nicht nur die Tatsache im Wege, daß die zu betrachtenden Objekte, die Musik der Protagonisten Brahms und Rheinberger, trotz ihrer annähernd gleichen Entstehungszeit zu wenig miteinander zu tun haben, um etwa einen Vergleich der jeweils stilbildenden Mittel wie zum Beispiel der Satztechnik heraufzubeschwören, sondern auch der Ansatzpunkt Schönbergs, dem Vermögen Brahms' nachzuspüren, ein ganzes Opus aus einer einzigen Keimzelle zu schaffen, zielt bei Rheinberger voraussichtlich ins Leere. Dennoch mag auf der Basis der Faßlichkeitsdefinition Schönbergs im Folgenden der Frage nachgegangen werden, wie Rheinberger den Eindruck von Geschlossenheit (die nicht unbedingt identisch sein muß mit „Faßlichkeit", durchaus aber wichtige Konnotationen aufweist, wie zu zeigen sein wird) in seinen späten Orgelsonaten zu vermitteln vermag.

Nahezu allen Sonaten Rheinbergers gemeinsam ist das Aufgreifen bereits vorgestellten und im Verlauf der Sonate – insonderheit im Kopfsatz – bereits verarbeiteten thematisch-motivischen Materials im Finalsatz, eine Technik, die von den geistlichen Werken Mozarts bekannt ist, aber auch etwa in der 9. Symphonie op. 125 von Ludwig van Beethoven auftaucht. Die Rekapitulation älteren Materials geschieht bei Rheinberger bevorzugt in Form einer Coda, die an die bis zur siebzehnten Sonate obligatorische Fuge angehängt wird. Der Grund für dieses Aufgreifen bereits bekannter Themen – eine Technik, die bereits in der zweiten Sonate As-Dur op. 65 voll ausgeprägt ist – ist einerseits

---

[14] Matthias Schmidt, *Das Einfache und das Komplizierte. Schönberg, Mozart und die Zwölftontechnik*, in: ÖMZ Heft 3-4/2001, S. 11.

[15] Arnold Schönberg, *Gedanke-Manuskript*, zit. nach Patricia Carpenter und Severine Neff (Hg.), *The Musical Idea and the Logic, Technique, and Art of Its Presentation*, New York und Chichester 1995, S. 424.

zu vermuten in Rheinbergers besonders stark ausgeprägtem Sinn für formale Geschlossenheit, ein Sinn, der das erneute Aufgreifen eines (besonders Anfangs-) Themas gerade angesichts der seit dem Eingangssatz der Sonate vergangenen Zeit zu erzwingen scheint[16]; selbst in geistlichen Werken, etwa in den Vertonungen der Totenmesse, schafft Rheinberger eine Reprise bereits verarbeiteten Materials auch gegen jeden Wortsinn und Textzusammenhang, ja sogar gegen liturgische Erfordernisse verstoßend[17].

Exkurs: Zur Themenbildung in der zweiten Sonate As-Dur op. 65

Ein Blick in die frühe Schaffensperiode Rheinbergers – nur gemessen an seinem beruflichen Aufgabenfeld, das sich ja 1877 mit dem Antritt des Hofkapellmeisteramtes entscheidend ändert und das kompositorische Profil Rheinbergers verschiebt[18] – scheint in diesem Umfeld sinnvoll. Das Zusammenhang stiftende Element der schlichten Wiederholung eines Themas aus dem Kopfsatz, ausgeprägt ab spätestens 1876, wird in der frühen, bereits 1871 entstandenen 2. Orgelsonate As-Dur besonders differenziert gehandhabt. Das Hauptthema des Eingangssatzes erscheint (wie das Incipit des zweiten Satzes) im Finalsatz zwar auch zitiert wie in den vielen nachfolgenden Werken, darüber hinaus aber ist die Verwandtschaft zwischen dem ersten Thema des ersten Satzes (nach der Einleitung, also ab T. 25) und dem Finalfugenthema offensichtlich:

---

[16] Auch Weyer weist auf die Komponente „Zeit" hin, wenn er versucht, die Reprisenform dieser Sonate gegen die Vorwürfe Graces in Schutz zu nehmen (*Die Orgelwerke Rheinbergers*, S. 126).

[17] Vgl. auch den Beitrag von Susan Lempert im vorliegenden Band, S. 22.

[18] Vgl. Hans-Josef Irmen, *Gabriel Josef Rheinberger als Antipode des Cäcilianismus*, Regensburg 1970 (Studien zur Musikgeschichte des 19. Jahrhunderts, Bd. 22), S. 159, bzw. Birger Petersen-Mikkelsen, *Komponieren gegen den Dogmatismus*, in: *Programmheft zu den 15. Internationalen Orgelwochen „Contra Punkte"*, Eutin 2001, S. 16-27.

Notenbeispiel 1
Sonate Nr. 2 op. 65, 1. Satz, T. 25-28
© aller Notenbeispiele in diesem Beitrag
mit Genehmigung des Verlages Dr. Butz, St. Augustin

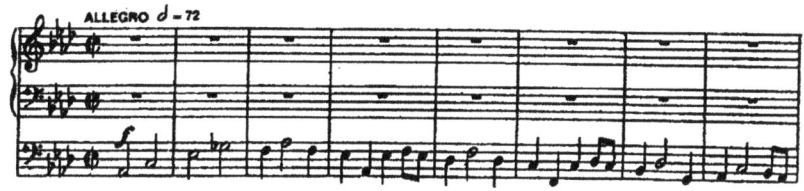

Notenbeispiel 2
Sonate Nr. 2 op. 65, 3. Satz, T. 1-8

Beiden Themen gemeinsam ist (von der oberflächlichen Tonartenverwandtschaft abgesehen) der von der Septime bzw. None als charakteristisches Intervall bestimmte Ambitus, vor allem aber der Gestus, gemessen an der Bewegungsrichtung: Der jeweils erste Halbsatz beider Themen zielt auf den Terzton (im Eingangssatz auf die Terz c der Tonika, im Fugenthema auf den Ton f als Terz der über die Zwischendominante angesteuerten Subdominante Des-Dur); in beiden Fällen ist die Bewegung zum Spitzenton der Phrase nicht geradlinig, sondern an einer Stelle (in T. 25, also gleich zu Beginn, bzw. T. 3) unterbrochen. Kaum übersehen werden können zwar die Unterschiede der Themengestalten, insbesondere in harmonischer Hinsicht: Während das Eingangsthema vor allem auf die Darstellung der Haupttonart As-Dur zielt, wendet sich das Fugenthema über einen Zwischendominantseptakkord schon zu Beginn zur Subdominante Des-Dur, eine Formulierung, die allerdings in der Comesform (T. 9 ff.) eine schnelle Rückkehr zur Tonika As-Dur ermöglicht. Die Ähnlichkeiten in der Gestaltung, die auch die Achttaktigkeit bzw. eine nahezu periodische Ausformung des Fugenthemas mit einschließt, überwiegen jedoch so sehr, daß das Zitat des Hauptthemas aus dem ersten Satz im

Finale besonders organisch wirkt – gestützt dadurch, daß Rheinberger eine polyphone Satzart beibehält:

Notenbeispiel 3
Sonate Nr. 2 op. 65, 3. Satz, T. 45-49

Das Thema erscheint, nachdem das Fugenthema einmal vierstimmig durchgeführt wurde; diese erste Exposition schließt ab mit einer erneuten Comesform im Pedal (T. 35-42 [44]), an die sich das Zitat aus dem Eingangssatz, jetzt geringstimmig gesetzt („pseudo-fugal"), nahtlos anschließt. Diese Art der Themenverknüpfung, die Rheinberger ohne Brüche auch im Rahmen einer Fuge gelingt, findet sich auch später, gerade im Zuge der viersätzigen „Orgelsymphonien" der mittleren Sonaten ab Nr. 5) immer wieder: Für Rheinberger ist die Fuge eben kein Formbegriff, auch keine Gattungsbezeichnung[19], sondern eine Satztechnik, die beliebig mit anderen Techniken kombiniert werden kann – und die auch die Verknüpfung eines Fugenthemas mit anders konzipiertem Material nahezu ohne Einschränkung zuläßt. Die Kritik an der ersten Sonate c-Moll op. 27, die sich vor allem an der Diskrepanz zwischen ihrer Stilistik (mehr eine "Hommage" an die Vorbilder, besonders Mendelssohn) und der der nachfolgenden stößt, findet in den satztechnischen Finessen, die in der ersten Sonate von 1868 eben noch nicht besonders ausgeprägt sind, ihre kräftigsten Argumente.

*

Auch in der 18. Sonate A-Dur op. 188 ist Rheinberger bemüht, „Faßlichkeit durch Erinnerbarkeit" (um in der Begrifflichkeit Schönbergs zu bleiben) durch das Aufgreifen bereits verwendeten Themenmaterials im Finalsatz zu erreichen: Nach dem eigentlichen Sonatensatz werden als Coda im Sinne eines echten Anhangs noch einmal das zweite

---

[19] Vgl. Peter Gawol, *Zum Verständnis der Orgelsonaten Josef Rheinbergers*, in: MuK XX (1998), S. 79.

Thema des „Phantasie" überschriebenen ersten Satzes (dort T. 28 ff. Des-Dur bzw. terzverwandt und enharmonisch verwechselt Cis-Dur, im Finale in der Haupttonart A-Dur) und das Einleitungsthema aufgegriffen, die den Finalsatz beenden. Grace schlägt, enttäuscht („disappointed") und nicht recht überzeugt von der formalen Logik dieses Abschlusses, tatsächlich eine verkürzte Fassung unter Auslassung der Zitatfolge vor[20] – handelt es sich in diesem Fall aber wirklich um ein Satzende, das mit dem eigentlichen Verlauf des Sonatensatzes, der den Finalsatz darstellt, um ein gewissermaßen von außen aufgepfropftes Gebilde, das nur notgedrungen die Erinnerung an den Sonatenbeginn wiederherzustellen versucht, tatsächlich aber nur ein Fremdkörper für den Finalsatz ist?

Die Frage läßt sich für die achtzehnte Sonate in zweierlei Hinsicht beantworten. Zum einen ist das Finale der A-Dur-Sonate natürlich ein eigenständiger Satz, dessen formale Schlüssigkeit nicht einer Stütze aus einem anderen Satz bedarf; gebaut ist er nach dem Prinzip des Sonatenhauptsatzes. Die Themenfaktur erinnert in dieser Sonate auch nicht unbedingt an aus dem Zusammenhang bekannte Modelle etwa aus dem ersten Satz, wie es (wie dargestellt) in der zweiten Sonate recht offensichtlich ist – das Ansinnen Graces, den Schluß um die Coda zu verkürzen (also einen Schnitt vor dem „Andante molto" T. 184 zu machen), wirkt also durchaus verständlich. Andererseits aber erscheint diese Verkürzung des Satzendes nicht nur aus Gründen des Respekts vor dem zu vermutenden Formgefühl eines Komponisten vom Range Rheinbergers unangemessen: Aus dem harmonischen Beziehungs-reichtum heraus ist die Wiederaufnahme von Material der vorange-gangenen Sätze durchaus schlüssig.

Einige Merkwürdigkeiten dieser Sonatensatzform seien angemerkt: Mit dem Ende des ersten Themenkomplexs erreicht Rheinberger nicht die für das Ende der Exposition charakteristisch relevante Dominanttonart E-Dur, sondern zunächst die Subdominante D-Dur; die Überleitung T. 51-56 erfüllt dann auch keine modulierende Funktion, wie man es in diesem Fall erwarten würde, sondern läßt auch den zweiten Themenkomplex in D-Dur beginnen. Das dominantische E-Dur wird am Ende der Exposition dann nur halbschlüssig erreicht, die Urspannung der Exposition, die zentrale Dissonanz der Dominante, die sich erst mit dem Auftreten beider Themenblöcke in der Tonika auflöst, ist also aufgehoben – oder doch wenigstens ersetzt durch die Spannung der Subdominante D-Dur. Erst nachdem das erste Thema in der

---

[20] Vgl.dazu Weyer, *Die Orgelwerke Rheinbergers*, S. 125-127.

Durchführung erscheint, steht auch die Überleitung (die in der Durchführung, nicht aber in der Reprise auftaucht) und der zweite Themenkomplex in E-Dur. In der Reprise schließlich spielt der zweite Themenkomplex eine vollkommen untergeordnete Rolle, da das Material des ersten die Reprise einleitet und (in der Kopplung mit dem zweiten Thema) abschließt, den Einschub T. 147-158 (eigentlich auch nur T. 147-150) also rahmt.

Sonate Nr. 18 A-Dur op. 188 – Finale: formaler Aufriß

Exposition	T. 1-85
Erster Themenkomplex	T. 1-50
Überleitung	T. 51-56
Zweiter Themenkomplex	T. 57-85
Überleitung	T. 85-88
Durchführung	T. 89-122
(Erster Themenkomplex)	T. 89-97
(Überleitung)	T. 98-102
(Zweiter Themenkomplex)	T. 103-122
Reprise	T. 123-183
Erster Themenkomplex	T. 123-146
Zweiter Themenkomplex	T. 147-158
(Erster Themenkomplex)	T. 159-164
Coda	T. 184-206
Material aus I, T. 28 ff.	T. 184-191
Material aus I, 1 ff.	T. 192-198

Betrachtet man die Rolle, die die Terz im harmonischen Gefüge des Finalsatzes spielt, werden mehrere relevante Parallelen etwa zum Kopfsatz der Sonate deutlich. Oberflächlich fällt zunächst die zweimalige Hervorhebung der Tonikaparallele fis-Moll im Hauptthema (T. 4-5) auf[21]; dazu steht die deutliche Betonung der Mediante F-Dur (T.

---

[21] Ebd., S. 124-125; ein Zusammenhang läßt sich herstellen zum zweimaligen Berühren des fis-Moll-Quartsextakkordes, der in der Wiederaufnahme des Themenmaterials aus dem ersten Satz T. 185 und 189 erklingt – der allerdings vielmehr als Vorhaltsakkord verstanden werden kann; außerdem steuert

69-76) im zweiten Themenkomplex in enger Konnotation. Der erste Themenkomplex wird in sich gegliedert durch die Nebeneinanderstellung von eigentlichen Medianten:

Notenbeispiel 4
Sonate Nr. 18 op. 188, Finale, T. 14-20 und 33-36

Diese Mediantbeziehungen wiederholen sich großformatig in der Durchführung: Der erste Themenkomplex erscheint transponiert nach C-Dur als Vermittler zwischen der Haupttonart A-Dur und der eigentlichen Durchführungstonart E-Dur.

Vergleichbare Verhältnisse finden sich im Kopfsatz des Werkes. Der erste Takt des Hauptthemas dieser "Phantasie" kann als Überbetonung der Terz gelesen werden; zudem endet der Vordersatz halbschlüssig auf einem Cis-Dur-Akkord, der als Zwischendominante zur Tonikaparallele fis-Moll zu verstehen ist (siehe Notenbeispiel 5).

Das zweite Thema dieses Satzes nun erscheint auch nicht – wie es die Satzbezeichnung "Phantasie" wohl rechtfertigt, obgleich auch diesem Satz das Prinzip der Sonatensatzform zugrundeliegt – in der dazugehörigen Dominanttonart E-Dur, sondern diesmal im terzverwandten Cis-Dur, enharmonisch mit Des-Dur verwechselt. Erst in der Reprise, in der traditionell beide Themenkomplexe in der Haupttonart auftreten, steht dieses Thema in E-Dur, der Dominante (T. 89 ff.), und moduliert dann zur Tonika.

Rheinberger ab T. 17 die Tonikaparallele an, die damit im Mittelteil des ersten Themenkomplexes eine wichtige Position einnimmt.

Notenbeispiel 5
Sonate Nr. 18 op. 188, 1. Satz, T. 1-4.

Der Zusammenhang, der von Rheinberger also zwischen den Sätzen, aber auch im Satzverlauf selbst hergestellt wird, ist kein nur oberflächlicher, sondern auch ein über die Satzgrenzen hinaus faßlicher Verhalt von Terzbeziehungen; die erörterte Binnendifferenzierung erlaubt nicht nur den Bezug zu Schönbergs Faßlichkeitsdefinition, sondern darüber hinaus auch wenigstens den Ansatz eines Vergleichs mit den Terzbeziehungen in Brahms' „O Tod, wie bitter bist du!": Während bei Brahms der Zusammenhalt durch die Terz ein auch im kleinsten Detail noch nachvollziehbares Mittel der Satzgestaltung ist, trägt dieser Zusammenhalt bei Rheinberger – auch angesichts des erheblich größeren Formats einer Sonate! – vor allem den großformalen Kontext. Weniger als der Vergleich mit der Kompositionstechnik des Zeitgenossen Brahms mag für Rheinberger vielmehr das Vorbild Franz Schubert herangezogen sein, der insbesondere im Spätwerk, etwa im Streichquintett D 956, großformale Anlagen mit Hilfe ähnlicher Terzbeziehungen herzustellen vermochte[22].

Exkurs: Finallösungen in den Orgelsonaten Gustav Merkels

Die Technik, motivisch-thematisches Material der vorangegangenen Sätze in der Art einer großen Reprise im Finalsatz zu wiederholen, ist im Gattungsbereich der zeitgenössischen Symphonie für die Werke Bruckners bekannt und geläufig: Schon Ernst Kurth beschreibt den „Wiederausbruch des Anfangsthemas des ersten Satzes"[23] als Hauptgedanken des Brucknerschen Finales. Dabei hat Kurth vor allem die energetischen Verhältnisse der Symphonien Bruckners im Blick, wenn ihm zufolge „das Hinstreben zu ihm [dem Ausbruch, Anm. d. Verf.]

---

[22] Vgl. Peter Gülke, *Franz Schubert und seine Zeit*, Laaber 1991, S. 310-315: „Entmachtung der Dominante, triadische Struktur".
[23] Ernst Kurth, *Bruckner*, Berlin 1925, Bd. 1, S. 512.

[...] die Hauptvorgänge des ganzen Satzes ausmacht": Das gesamte Finale erscheine bei Bruckner auf diesen Wiedereintritt hin zugespitzt, und der Ausbruch dieses Themas wirke vollends erlösend. Nun bezieht sich diese Gestaltungstechnik im Werk Rheinbergers nicht auf Bruckner; zum anderen mag man mit Harvey Grace eine Zuspitzung, eine dynamische Notwendigkeit dieser Reprise vermissen: Die enge Verbindung zwischen Eingangsthema und Schlußsatz kann aber in den behandelten Fällen als erwiesen gelten[24]. Nach dieser Gestaltungstechnik sucht man im Bereich der Orgelmusik, in der die der Symphonie adäquate Gattung Sonate gerade im 19. Jahrhundert überdurchschnittlich gut vertreten ist, bis hin zu Rheinberger vergeblich: So arbeitet Rheinbergers großes Vorbild Mendelssohn in keinem Falle seiner sechs Orgelsonaten op. 65 mit dieser Reprisentechnik (wohl aber in seinen symphonischen Werken, etwa in der zweiten Symphonie "Lobgesang" – wobei die Dinge aufgrund der Andersartigkeit des symphonisch-oratorisch-kantatenhaften Werkes hier anders liegen); die französischen Zeitgenossen wie Widor oder Vierne fallen wegen der grundsätzlich anderen Anlage ihrer Orgel-Symphonien aus dem für Rheinberger gültigen Schema ohnehin heraus. Allein der Dresdener Kreuzkirchenorganist Gustav Adolf Merkel (1827-1885) nähert sich mit seinem umfangreichen Sonatenschaffen – neun Orgelsonaten, die zu den bedeutendsten Beispielen dieser Gattung in der deutschen Orgelmusik des 19. Jahrhunderts zählen und die zu den meistgespielten Werken ihrer Zeit gehörten – dem von Rheinberger mitgeprägten Typ in Umfang und Satzgebaren an. Auch er verzichtet allerdings prinzipiell auf eine Reprise älteren Materials im Finale; dieses Gestaltungsmittel findet sich nur in zwei Sonaten, der fünften in d-Moll op. 118 und der achten in h-Moll op. 178: Das Hauptthema bzw. die Einleitung zum ersten Satz taucht erweitert auch als „Introduction" zur Fuge des Finalsatzes auf.

Die Reprise Merkels ist einerseits beziehungsreich: Merkel benutzt älteres Material, um den Satz in eine Schlußfuge quasi Rheinbergerscher Provenienz einmünden zu lassen (die übrigens auch für die Gattung bei Merkel tragende Funktion hat: Fünf von neun Sonaten schließen mit einer Fuge). Andererseits ist der Umgang mit älterem Material bei Merkel mit der Arbeit Rheinbergers nur sehr

---

[24] Nach Kurth ist diese Verbindung für Bruckner eher nicht konstitutiv – entscheidend ist das Zurückdrängen und die Überwindung des ersten Finalethemas durch das Eingangsthema: „Was Bruckner will, ist nicht das Aufscheinen des Themas, nicht motivisch-formalistische Verarbeitungskunst an sich, sondern sein Wiederausbrechen als dynamischer Kampfvorgang" (ebd., S. 514).

bedingt zu vergleichen: Zwar setzt Merkel die Reprise des Kopfsatzbeginns auch aus Gründen der formalen Faßlichkeit, des „Brückenschlags" vom ersten zum letzten Satz vor das Finale; andererseits aber ist erstens die Reprisenstelle Rheinbergers eine grundsätzlich andere als bei Merkel: Wenn Rheinberger nicht sogar – wie in der zweiten Sonate beobachtet – das Material des letzten mit dem des ersten Satzes verknüpft, erscheint bei ihm die große Reprise als Coda. Zweitens erscheint bei Merkel die Wiederaufnahme der Einleitung zwar auch nicht "aufgepropft", aber der motivisch-thematische Zusammenhalt ist auch auf harmonisch-funktionaler Ebene bei Rheinberger nicht nur in der 18. Sonate weitaus stärker als bei Merkel.

3. Rheinbergers Sonaten op. 188 bis 193 als Gruppe

Die beschriebene Modifizierung der Sonatensatzform, die Rheinberger im Finale der 18. Sonate vornimmt, ist nur eine der Möglichkeiten, Faßlichkeit im Einzelsatz, aber (in diesem Falle) auch Zusammenhalt über die Satzgrenzen hinweg zu erlangen – anstelle der sonst „obligatorischen" Fuge, die für Zusammenhalt aufgrund ihrer häufigen Monothematik, der Allgegenwart eines einheitlichen motivisch-thematischen Materials also, bürgt[25]. Auch die 19. Sonate g-Moll op. 193 kommt ohne Schlußfuge aus, und in ihr verzichtet Rheinberger auch (im Gegensatz zu den beiden die 19. rahmenden Sonaten) auf eine Wiederaufnahme älteren Materials aus den ersten Sätzen etwa im Rahmen einer Coda. Für den Finalsatz der 19. Sonate wählte Rheinberger (von einer üppigen „Introduction" abgesehen) die Form des Sonatenrondos. „Wir schenken uns hier jede formale Analyse, das Selbstverständliche bedarf keiner eingehenden Beschreibung"[26] – so selbstverständlich, wie etwas burschikos von Martin Weyer behauptet, ist denn dieses Sonatenrondo doch so wenig wie die Sonatensatzform der 18. Sonate.

---

[25] Die Fugen in den Sonaten Rheinbergers sind tatsächlich allesamt monothematisch angelegt – zusätzliches Material erscheint nur im Rahmen der Reprise von Themen aus den vorangegangenen Sätzen, wie anhand der 2. Sonate dargestellt.

[26] Weyer, *Die Orgelwerke Rheinbergers*, S. 132.

Sonate Nr. 19 g-Moll op. 193 – Finale: formaler Aufriß

„Exposition"	T. 41-164
Themenkomplex A	T. 41-68
Themenkomplex B	T. 69-92
Themenkomplex A	T. 93-108
Themenkomplex C	T. 109-148
Themenkomplex A	T. 149-164
„Durchführung"	T. 165-203
Themenkomplex B	T. 165-173
Themenkomplex C	T. 174-195
Themenkomplex A	T. 196-203
„Reprise"	T. 204-250
Themenkomplex A	T. 204-211
Themenkomplex B	T. 212-219
Themenkomplex A (Coda)	T. 220-250

Vermag dieses Schema noch den herkömmlichen Typus eines Sonatenrondos vermitteln – auch wenn etwa der Begriff „Durchführung" übertrieben erscheint: Tatsächlich werden (wie so oft bei Rheinberger) die Sonatenthemen nicht wirklich durchgeführt, sondern nur transponiert – , vermittelt der Blick in die Noten nur bedingt die harmonisch-funktionalen Bedingungen eines Sonatensatzes. So steht der zweite Themenkomplex (T. 69 ff.) in der „Exposition" wieder – wie das zweite Thema in der 18. Sonate – in der Subdominanttonart; nach dem ersten Themenkomplex, der im Expositionsteil immer in der Haupttonart G-Dur auftritt, steht der dritte Komplex zunächst in der vermittelnden Tonikaparallele e-Moll (T. 108 ff.), von einer dominantischen Grundspannung vor Erreichen einer etwaigen Durchführung also keine Spur. Diese beginnt nun in T. 165 wiederum in der Mediante Es-Dur (Themenkomplex B), um dann nach g-Moll (T. 174 ff.: Themenkomplex C) und B-Dur (T. 196 ff.: Themenkomplex A) zu führen. Eine „Reprise" findet ab T. 204 nur insofern statt, als daß alle berührten Themenkomplexe nun in der Tonika G-Dur stehen.

Ähnliche Beobachtungen lassen sich am Finalsatz der 20. Sonate F-Dur op. 196 machen: Auch hier erscheint der Begriff des Sonatenrondos sowohl in Hinsicht auf die grobe formale Anlage als auch auf harmonische Funktionalität ihrer Einzelteile nur bedingt angemessen.

Sonate Nr. 20 F-Dur op. 196 – Finale: formaler Aufriß

„Exposition"	T. 1-56
Themenkomplex A	T. 1-16
Themenkomplex B	T. 18-44
Themenkomplex A	T. 45-56

„Durchführung":	
Themenkomplex C	T. 57-104

„Reprise"	T. 105-156
Themenkomplex A	T. 105-118
Themenkomplex B	T. 119-140
Themenkomplex C	T. 141-156

(„Coda"	T. 157-202)
Themenkomplex A	T. 157-168
Themenkomplex C	T. 169-182
Themenkomplex A	T. 183-194
Material aus I, 1 ff.	T. 195-202

Sind schon für die 19. Sonate die Begriffe „Durchführung" und „Reprise" nur bedingt anwendbar, so relativiert dieser Finalsatz das Konzept eines Sonatenrondos vollends. Anstelle einer Durchführung steht die Vorstellung eines neuen, dritten Themenkomplexes (der allerdings deutliche Konnotationen zum zweiten Themenkomplex aufweist); die Reprise ist nunmehr einzig an der Wiederkehr der Haupttonart F-Dur T. 105 zu erkennen und an der Tatsache, daß alle drei (!) Themenkomplexe nacheinander in dieser Tonart auftreten. Die „Coda" T. 157 ist von der Reprise kaum sinnvoll abzutrennen, allein der Einschub von Material des dritten Themenkomplexes (daher nämlich diese Begrifflichkeit anstelle des griffigeren „Themas", ein Terminus, der allerdings auf den Großteil der thematischen Gebilde der zu betrachtenden Sätze zutrifft) in die Wiederaufnahme des A-Teils läßt einen neuen, jetzt auch durchaus im Sinne einer „Durchführung" verfahrenden Abschnitt vermuten. Die Aufnahme von Material aus dem Eingangssatz erschöpft sich im Finale dieser letzten Sonate in der Wiederholung des Themenkopfes, der die überdeutliche Betonung des Dreiklangs mit dem ersten Thema des Finalsatzes teilt.

Auch dieser Sonatensatz weist bemerkenswerte Eigenschaften hinsichtlich seiner Harmonik auf. So erscheint beim ersten Auftreten des Themenkomplexes B das zweite Thema zunächst in der Haupttonart F-

Dur, danach aber in D-Dur (T. 29 ff.); für die Wiederkehr des ersten Themas T. 45 ff. steuert Rheinberger wieder einmal die Subdominante an, und für die Aufnahme des Themenkomplexes C in die „Reprise" T. 141 ff. verwendet er die Tonart a-Moll bzw. A-Dur (ab T. 149).

*

Für die These, daß die drei letzten Orgelsonaten Rheinbergers eine gemeinsame Gruppe im Orgeloeuvre Rheinbergers bilden, ist das Argument, sie kämen ohne abschließende Fuge aus, zu schwach (zumal bereits die fünfte Sonate ohne Fuge auskam und auch andere Sonaten – so die 10. in h-Moll oder die 14. in C-Dur – keine Schlußfuge enthielten). Weiter greift die Beobachtung, daß Rheinberger offensichtlich in den Finalsätzen dieser drei Sonaten Formschemata, die er bis zur 17. Sonate (mit gelegentlichen Ausnahmen) in weit weniger komplexer Form angewandt hatte, nun stark modifiziert überträgt; die harmonisch-funktionalen Eckdaten, nämlich die starke Bewertung der Subdominantstufe und die häufigen Mediantbeziehungen, unterstreichen dieses Ergebnis der Formanalyse. Auch die Themen, die den drei Finalsätzen zugrundeliegen, weisen bemerkenswerte Übereinstimmungen auf. So sind alle drei Eingangsthemen auf der Basis eines Orgelpunkts gestaltet:

Notenbeispiel 6
Sonate Nr. 18 op. 188, Finale: T. 1-2
Sonate Nr. 19 op. 193, Finale: T. 41-42
Sonate Nr. 20 op. 196: Finale, T. 1-3

Die Gestaltung des Hauptthemas über einem Orgelpunkt gehört zum Idiom des Pastoralen, das Rheinberger oft nicht nur in den idyllisch gehaltenen Mittelsätzen seiner Sonaten oder entsprechenden Sätzen seiner anderen Zyklen zu erreichen sucht – meist gestützt durch den Einsatz der Intervalle Quarte und Sexte, was emblematisch im Hauptthema des Finales in der neunzehnten Sonate vorgeführt wird. Eine nicht unerhebliche Menge von Sonatensätzen beginnt mit einem Orgelpunkt:

3. Sonate G-Dur op. 88 (1875):	*Pastorale* (Kopfsatz)
4. Sonate a-Moll op. 98 (1876):	*Tempo moderato* (Kopfsatz)
5. Sonate Fis-Dur op.111 (1878):	*Adagio*
6. Sonate es-Moll op. 119 (1880):	*Preludio* (Kopfsatz)
9. Sonate b-Moll op. 142 (1885):	*Romanze*
10. Sonate h-Moll op. 146 (1886):	*Molto moderato* (Kopfsatz)
	Andante
	Fantasie und Finale
12. Sonate Des-Dur op. 154 (1888):	*Pastorale*
13. Sonate Es-Dur op. 161 (1889):	*Phantasie* (Kopfsatz)
14. Sonate C-Dur op. 165 (1890):	*Toccata* (Finale)
18. Sonate A-Dur op. 188 (1897):	*Phantasie* (Kopfsatz)
	Capriccio
	Finale
19. Sonate g-Moll op. 193 (1899):	*Finale*
20. Sonate F-Dur op. 196 (1901):	*Pastorale*
	Finale

Besonders elegant eingeführt wird der Orgelpunkt im Eingangssatz der 13. Sonate: Nach dem Durchschreiten einer Tonleiter erscheint im Baß dann ab T. 3 der Orgelpunkt Es.

Notenbeispiel 7
Sonate Nr. 13 op. 161, Phantasie: T. 1-6

Ebenfalls kein Sonderfall ist das Erscheinen eines Themas erst im Verlauf eines Sonatensatzes mit einem Orgelpunkt, so im „Provençalisch" der 19. Sonate; in gänzlich anderem Zusammenhang erscheinen Orgelpunkte als Satzart an anderer Stelle, nämlich nur als Klangreiz, so in den Eingangssätzen der 5., 9. und 11. Sonate oder im Scherzoso der achten.

Die Tatsache, daß die drei letzten Sonaten das Pastoralidiom, hier ausgedrückt vor allem durch den Orgelpunkt, im Finalsatz aufweisen, läßt sie zwar durchaus als zusammengehörende Gruppe erscheinen – die Satzart aber durchzieht das gesamte Orgeloeuvre Rheinbergers und ist keineswegs spätwerktypisch. Auch die zehnte Sonate trägt in ihrem Finalsatz ein vergleichbares Thema.

Auf die harmonische Gestaltung des Finalthemas der A-Dur-Sonate wurde bereits hingewiesen. Vergleicht man nun dieses Thema mit dem Finalthema der nachfolgenden g-Moll-Sonate, werden deutliche Übereinstimmungen in ihrem periodischen, aber auch harmonischen Aufbau offenbar. Beiden gemeinsam ist die periodische Anlage des Themenkomplexes (8+8 Takte + Überleitung), aber auch die Ausgestaltungen der jeweils achttaktigen Vordersätze weisen deutliche Ähnlichkeiten auf:

Notenbeispiel 8
Sonate Nr. 18 op. 188, Finale: T. 1-9
Sonate Nr. 19 op. 193, Finale: T. 41-49

In der g-Moll-Sonate erreicht Rheinberger im vierten Takt den Halbschluß D-Dur, um dann über die Zwischendominante H-Dur die Tonikaparallele e-Moll anzusteuern (die dann in T. 49, allerdings wiederum als Zwischendominante zu a-Moll, erreicht wird); auf die Bedeutung der Tonikaparallele als zweiter tonaler Schwerpunkt des Themas in der A-Dur-Sonate wurde bereits hingewiesen.

Nicht nur der Gestus, auch die formale Gestalt der Themen stimmen verblüffend überein – aber auch diese Konnotationen können kaum als Argument für einen Spätwerkzusammenhang gelten. Ein Blick etwa in die 10. Sonate h-Moll op. 146, entstanden 1886, macht deutlich, daß diese Gestaltung auch für Rheinberger selbstverständliches Vokabular seines Tonsatzes darstellte. Das H-Dur-Thema des Finalsatzes ist zwar auftaktig, dennoch aber sind Übereinstimmungen mit den eben betrachteten Finalthemen kaum zu übersehen (siehe Notenbeispiel 9).

Auch dieses Thema ist mit einem Orgelpunkt versehen; die Gliederung in 4+4 Takte wird unterstrichen durch den Wechsel zur Tonikaparallele gis-Moll T. 76, und nach acht Takten mündet das Thema in den Halbschluß eben dieser Tonikaparallele. Damit scheint auch das Argument entkräftet, die drei letzten Sonaten bildeten eine Gruppe aufgrund ihrer Fugenlosigkeit: Auch wenn Rheinberger in den Sonaten 18 bis 20 auf eine Schlußfuge verzichtet, wählt er doch Satztypen bzw. Gestaltungsmittel, die zu seinen Sprachmitteln schon zu Beginn seines Sonatenschaffens gehörten. So erfüllt etwa eine der mittleren Sonaten, nämlich die zehnte, durchaus die Kriteriologie, die bislang für die späten

Sonaten angewandt wurde – auch sie kommt ohne Schlußfuge aus (dieser Satztyp erscheint allerdings im Kopfsatz), und die dem Finale aufgesetzte Sonatensatzform ist durchaus untypisch ausgeführt, zumindest in Hinsicht auf die Gestaltung der Reprise. Auch andere Sonaten weisen darüber hinaus formal bedeutsame Terzbeziehungen auf, so die Toccata der 14. Sonate C-Dur. Naheliegend macht es wenig Sinn, auf der Basis von formalen Kriterien auf eine eventuelle Gruppenzugehörigkeit der drei späten Sonaten zu schließen: Einerseits sind alle drei für Rheinberger typische idiomatische Werke, andererseits – wie aufgezeigt – für sich zu betrachtende Lösungen des Finalproblems. Mit den Orgelsonaten erfindet Rheinberger weder sich noch das Sonatenfinale jedesmal neu, aber die Individualität des Einzelwerkes ist unbedingt höher einzuschätzen als eine eventuelle Gruppenkriteriologie, deren Maßstäbe zu wandelbar sind, um an jede Sonate – und seien es auch nur diese drei letzten – angelegt zu werden. Übrig bleibt einzig eine Grundstimmung, die mit „Melancholie des Spätwerks" wohl am überzeugendsten umschrieben wäre.

Notenbeispiel 9
Sonate Nr. 10 op. 146, Finale: T. 71-80

Exkurs: Die F-Dur-Sonate und die „Miscellaneen" op. 174

Weitaus sinnvoller ist die Betrachtung der Sonaten in ihrem konzeptionellen und historischen Kontext. So weist das Finalthema der 20. Sonate nicht nur deutlich hörbare Übereinstimmungen mit dem Eröffnungsthema auf (etwa die ausgeprägte Dreiklangsmelodik), sondern auch mit mindestens zwei anderen Werken aus der engeren Umgebung der drei späten Sonaten. Die zwölf Miscellaneen op. 174,

„Vermischtes" also, entstanden zwischen dem 14. Februar und dem 6. Mai 1893, also knapp anderthalb Jahre nach der Vollendung der fünfzehnten Orgelsonate (Dezember 1891[27]). Zwei dieser kurzen Sätze beginnen mit Idiomen, die stark an das Hauptthema aus dem Finale der acht Jahre später vollendeten 20. Sonate erinnern:

Notenbeispiel 10
„Ernste Feier" op. 174 Nr. 7, T. 1-8
„Finale" op. 174 Nr. 12, T. 1-9

---

[27] Vgl. das Vorwort zu *Joseph Gabriel Rheinberger – op. 174* von Wolfgang Bretschneider, Bonn 1988.

Im Hinblick auf das erste Beispiel liegt die Konnotation des Satztitels mit dem Untertitel der F-Dur-Sonate „Zur Friedensfeier" nahe, ein Titel, dessen Herkunft bzw. Bedeutung nach wie vor ungeklärt ist[28]; der Beginn dieses zweiteiligen Satzes (auf das Maestoso folgt eine „Canon-Fuge") hat mit dem Hauptthema des Sonatenfinales nicht nur den wiederum auftretenden Orgelpunkt gemeinsam, sondern auch die Dreiklangsmelodik. Differenzen ergeben sich allerdings angesichts des periodischen Aufbaus des Sonatenthemas, das einen Halbschluß in der Phrasenmitte erreicht, um danach zunächst den Tonikagegenklang a-Moll anzusteuern. Im Zentrum der ersten Phrase aus der „Ernsten Feier" steht hingegen die Subdominantparallele d-Moll.

Noch deutlichere Übereinstimmungen – auch angesichts einer identischen Tonart – finden sich im Vergleich mit dem „Finale" op. 174 Nr. 12: Die Periodik erscheint zwar ähnlich abgewandelt wie in der „Ernsten Feier", doch die Gestik und die Harmonik ist nahezu identisch. Noch deutlicher wird der Bezug zwischen den Opera 174 und 196 allerdings in Hinblick auf das Eingangsthema des Kopfsatzes:

Notenbeispiel 11
Sonate Nr. 20 op. 196, Präludium: T. 1-11

---

[28] Vgl. Weyer, *Die Orgelwerke Rheinbergers*, S. 137.

4. Satztechnik und Orgeldisposition bei Rheinberger

Die Schwierigkeiten, Rheinbergers späte Orgelsonaten aufgrund ihrer formalen Beschaffenheit als Spätwerk-Gruppe vom restlichen Corpus der Sonaten abzuheben, sind evident – zu sehr ist Rheinbergers Musik formal wie im Gestus einer starken Idiomatik verhaftet. Wenn Martin Weyer bemerkt, eine Vertauschung in der Folge der Orgelsonaten störte nicht im geringsten die Stimmigkeit unseres Rheinberger-Bildes, mag man ihm – unter Ausschluß der ersten Sonate c-Moll – in Hinsicht auf formale Kriterien durchaus recht geben[29]. Weyer bemerkt an der A-Dur-Sonate allerdings einen Zug, der für das Klangbild der drei letzten Sonaten durchaus konstitutive Bedeutung hat und eine Verbindung zu Orgelbautendenzen der Zeit Rheinbergers – also zur Jahrhundertwende – zuläßt. Die Überleitung nach dem ersten Thema im Finale der 18. Sonate beschreibt er als kammermusikalisch: „Vieles könnte ebensogut für ein Streichquartett erdacht sein. Das ist keine Kritik, nur eine Charakterisierung"[30].

Notenbeispiel 12
Sonate Nr. 18 op. 188, Finale: T. 98-103

„Wie unter zarten Violinakkorden erklingt das Pizzikato der linken Hand, die offenbar solistisch geführt werden soll"[31] – was Weyer beschreibt, ist tatsächlich eine Satzart, die eine Besonderheit im Klangbild der Sonaten Rheinbergers darstellt; man ist versucht, sie „Streichquartettsatztechnik" zu nennen. Vor einer Übersicht über die Verwendung dieses Typus aber muß notwendigerweise eine Klassifizierung stehen: Welche Kriterien gilt für diese Technik?

---

[29] Ebd., S. 128.
[30] Ebd., S. 125.
[31] Ebd.

Folgt man der Terminologie, dann muß der Begriff Streichquartettsatztechnik eine idealisierte Vierstimmigkeit beschreiben, die dem ansonsten auch bei Rheinberger recht vollstimmigen Orgelsatz[32] als Alternative gegenübersteht. Entsprechend läßt sich etwa das Hauptthema aus dem Finale der 19. Sonate bequem auch für ein Streichquartett denken:

Notenbeispiel 13
Sonate Nr. 19 op. 193, Finale: T. 1-8 (Arr. für Streichquartett d. Verf.)

Diese idealisierte Vierstimmigkeit ist nicht im gleichen Maße identisch mit Satztypen wie etwa der „Introduction" dieses Finalsatzes – der Gestus dieser Einleitung, wie die Einleitungen der Rahmensätze in der F-Dur-Sonate den französischen „Grand Choeur"-Sätzen entsprechend, ist vor allem von Vollstimmigkeit bestimmt, und die Reduktion auf die vierstimmige Geringstimmigkeit würde die Aussagekraft dieses Beginns konterkarieren. Dieser mit der Streichquartettsatztechnik beschriebene Typus ist auch bei Felix Mendelssohn Bartholdy zu beobachten, etwa in den Rahmensätzen der ersten Orgelsonate oder im Adagio der zweiten; von der dritten Sonate an werden die Sonaten op. 65 vermehrt von pianistischen Spieltechniken durchsetzt.

---

[32]Vgl. ebd., S. 138: Die Bemerkung Weyers, „während Reger meist die enge Lage bevorzugte und dann den im Manual dreistimmigen Satz oktavierte, bevorzugte Rheinberger die weite Lage ohne Verdoppelungen", ist zu kurz gegriffen, betrachtet man im Zusammenhang auch etwa den Kopfsatz der g-Moll-Sonate.

Dieser Satztypus ist in den drei letzten Sonaten Rheinbergers besonders stark vertreten, nicht nur in den Finalsätzen, wie angeführt, sondern etwa auch im Mittelteil des Capriccio in op. 188 oder in weiten Strecken der Kopfsätze von op. 193 und 196. Die Frage allerdings, ob dieser Satztypus *ausschließlich* für die späten Sonaten als konstitutiv gelten kann, ist nur bedingt zu bejahen: Auch in älteren Sonaten ist der an ein Streichquartett erinnernde Satztypus vertreten, so im „Preludio" überschriebenen Kopfsatz der 7. Sonate f-Moll op. 127 (1881), im bereits erwähnten Finale der h-Moll-Sonate op. 146 (1886), in der Canzone der 13. Sonate Es-Dur op. 161 (1889) oder im Intermezzo im Finale der 15. Sonate D-Dur op 168 (1891). Dieser Typus erscheint also als selbstverständliches Vokabular Rheinbergers mindestens seit 1881, ist aber in den drei letzten Sonaten Rheinbergers besonders stark präsent.

Der Blick in einige den drei letzten Orgelsonaten benachbarte Sammlungen zeitigt kein eindeutiges Ergebnis: In den „Sechs kurzen Stücken" WoO 26, 1898 zwischen den Sonaten 18 und 19 herausgegeben, erfüllt die Nummer III, ein „Epilogue" (nach Auskunft des Autographs komponiert am 19.7.1887 in Bad Kreuth, also im Jahr der 11. Sonate op. 148 d-Moll![33]), das Kriterium der Streichquartettsatztechnik (und arbeitet zugleich mit vielen kontrapunktischen Finessen); der letzte Satz, ein Trio, ähnelt ebenfalls diesem Satztyp und legt die Frage nahe, ob sich hinter der hier beschriebenen Streichquartettsatztechnik, einer idealisierten Vierstimmigkeit also, nicht sogar nur ein Triosatz als Gerüst verbirgt (siehe Notenbeispiel 14).

In diesem Satz, dessen Bild in der von Rheinberger ja umfänglich bedachten Gattung des Orgeltrios immer wieder variiert auftaucht – so etwa im Orgeltrio op. 189 Nr. 4[34] – , wird eine hervortretende Oberstimme von einem schlicht gestalteten Baß und einer Mittelstimme von großem Ambitus begleitet; entsprechendes läßt sich in der „Romanze", dem ersten Satz der zwölf „Miscellaneen" op. 174 von 1893 feststellen[35], und nicht anders ist die Satzanlage in den aufgeführten

---

[33] Vgl. das Vorwort von Wolfgang Bretschneider zur Ausgabe der „Sechs kurzen Stücke" WoO 26 (1898), Bonn 1992.

[34] Op. 189 wurde 1897, also im Jahr der A-Dur-Sonate, vollendet; bezeichnenderweise komponierte Rheinberger als op 191 (nach der Messe F-Dur op. 190, die er im März 1898 abschloß) ein Klaviertrio in F-Dur.

[35] Dieses erste Stück ist eigentlich ein Trio; die Dreistimmigkeit verläßt Rheinberger nur für die letzten drei Takte.

Sätzen, in denen Rheinberger mit der hier so genannten Streichquartettsatztechnik arbeitet, zu beschreiben – mit der Ausnahme, daß nun zu den drei Stimmen eine zweite, harmonisch „eingepaßte", aber für den kontrapunktischen Satz irrelevante zweite Mittelstimme tritt. Der Streichquartettsatz Rheinbergers läßt sich zwar durchaus auf ein Triomaß reduzieren, eine Reduktion bedingt aber erhebliche harmonische Verluste (siehe Notenbeispiel 15).

Notenbeispiel 14
Trio WoO 26 Nr. VI: T. 1-11

Notenbeispiel 15
Sonate Nr. 19 op. 193, Finale: T. 1-8 (Arr. für Trio d. Verf.)

Anders als der hier versuchten Reduktion fehlt dem typischen Rheinberger-Triosatz keine harmonisch relevante vierte Stimme! Die Konnotation des Satzbildes mit dem Streichquartett liegt also erheblich näher. Grace weist zudem darauf hin, daß im Unterricht Rheinbergers schließlich nicht die Orgelkomposition, sondern der Quartettsatz eine zentrale Rolle einnahm[36]. Das satztechnische Ergebnis ist in Rheinbergers Orgelkompositionen beispielhaft dargestellt: absolut ökonomische Stimmführung, die Stimmverdoppelungen meidet und Vollgriffigkeit nur für besondere Elemente des Satzes aufspart[37].

*

Die idealisierte Vierstimmigkeit, die im Satzbild der drei letzten Orgelsonaten Rheinbergers eine so übergewichtige Rolle spielt, kann durchaus in Verbindung gebracht werden mit dem Orgelideal, das dem Komponisten in seinen letzten Lebensjahren vorschwebte, wie es Bretschneider in seinem Vorwort zur Bonner Faksimile-Ausgabe des Erstdrucks mutmaßt. Dabei ist für die Betrachtung weniger die sogenannte „Rheinberger-Orgel" in Vaduz relevant, deren Disposition

---

[36] Vgl. Weyer, *Die Orgelwerke Rheinbergers*, S. 129.
[37] Vgl. Peter Gawol, *Zum Verständnis der Orgelsonaten Josef Rheinbergers*, S. 80.

der Komponist bereits 1871 skizzierte[38], sondern vor allem die Orgel der Hofkirche St. Michael in München, für deren Bau Franziska Rheinberger in ihrem Testament 20.000 Goldmark gestiftet hatte; sie hatte darüber hinaus verfügt, daß diese Orgel „nach den Anordnungen meines mich überlebenden Gemahls [...] zu erbauen"[39] sei. Dieser nahm am 29. Dezember 1896, also kurz vor Kompositionsbeginn an der A-Dur-Sonate, zusammen mit seinem Schüler Josef Becht und anderen Fachleuten die Orgel ab. Rheinberger sah folgende Disposition vor[40]:

DISPOSITION
der neuen (von M. März in München zu erbauenden)
Orgel für die St.-Michaels-Hofkirche

I. MANUAL	*II. MANUAL*
1. *Groß-Prinzipal 16'*	14. *Geigenprincipal 8'*
2. *Salicional 16'*	15. *Viola pomposa 16'*
3. *Principal 8'*	16. *Salicional 8'*
4. *Gedeckt 8'*	17. *Doppelflöte 8'*
5. *Gamba 8'*	18. *Liebl. Gedeckt 8'*
6. *Rohrflöte 8'*	19. *Fagott-Clarinett 8'*
7. *Quintatön 8'*	20. *Fugara 4'*
8. *Trompete 8'*	21. *Violine 4'*
9. *Octav 4'*	22. *Flageolett 2'*
10. *Spitzflöte 4'*	23. *Cornett 5fach*
11. *Octav 2'*	
12. *Quint 2 2/3'*	
13. *Mixtur vierfach*	

---

[38] Vgl. Hermann J. Busch, *Über Josef Rheinbergers Vorstellungen von Orgeldisposition und Orgelregistrierung*, in: Ars Organi 37 (1989), Heft 3, S. 133-134.
[39] Zitiert nach Irmen, *Rheinberger*, S. 99.
[40] Ebd.

III. MANUAL	PEDAL
24. *Voix celeste 8'*	31. *Untersatz 32'*
25. *Gemshorn 8'*	32. *Principalbaß 16'*
26. *Vox humana 8'*	33. *Subbaß 16'*
27. *Tibia 8'*	34. *Violon 16'*
28. *Aeoline 8'*	35. *Posaune 16'*
29. *Traversflöte 4'*	36. *Harmonikabaß 16'*
30. *Dolce 4'*	37. *Oktavbaß 8'*
	38. *Violincell 8'*

Der Bayerische Kurier vom 1. Januar 1897 teilt ergänzend mit, die Orgel enthalte „46 Züge, 7 pneumatische Druckknöpfe, Echowerk, Registerwerk, Crescendo und Decrescendo und erzielt mit der Manual-Octaven-Coppelung eine Stärke von 50 klingenden Stimmen"[41]. Die Orgel wurde 1944 zerstört.

Naheliegend ist die Vermutung, die Streichquartettsatztechnik findet klanglich ihre Entsprechung in der Betonung von Streicherregistern in der Orgeldisposition; tatsächlich gehören acht von 38 Registern zu dieser Klasse. Die Verbindung greift aber zu kurz: Die Aufnahme einer verhältnismäßig großen Anzahl von Streicherregistern ist für den romantisch geprägten Orgelbau des ausgehenden 19. Jahrhunderts schließlich konstitutiv. Auch die Vaduzer Orgel von 1871 wies ein vergleichbares Verhältnis (sieben von 33 Registern) auf. Ähnlich verhält es sich mit der Klasse der Aliquoten bzw. der gemischten Stimmen, aus der Rheinberger für die Münchner Orgel nur drei Register, nämlich Quintatön 8', Quint 2 2/3 und Mixtur vierfach auswählt; anläßlich der Erneuerung der Orgel der ehemaligen Klosterkirche in Seeon, ein einmanualiges, ca. 1740 erbautes Instrument[42], äußerte Rheinberger: „Abgesehen von dem hohen Alter ist es auch die Disposition des Werkes, welche nicht mehr zeitgemäß genannt werden kann – war eben der Geschmack vor 125 und mehr Jahren doch ein ganz anderer als heutzutage. Man bedenke allein daß hier unter 18 Registern sich 6 gemische Stimmen (Quintaton 8', Quint 2 2/3, Mixtur 2' vierfach, Cymbel 1' dreifach, Quintbaß 5 1/3 und Mixturbaß 2 2/3 fünffach) finden, ein Verhältniß, das dem modernen Ohre unerträglich schreiend

---

[41] Zitiert nach Harald Wanger und Hans-Josef Irmen (Hg.), *Josef Gabriel Rheinberger. Briefe und Dokumente seines Lebens*, Vaduz 1984, Bd. VII, S. 68.

[42] Vgl. Busch, *Orgeldisposition und Orgelregistrierung*, S. 136

erscheint"[43]. Die überdeutliche Betonung der Streicherregister auf Kosten der Aliquoten in der Disposition der Orgel für St. Michael ist keineswegs singulär für Rheinberger und in dieser Konstellation für das ausgehende 19. Jahrhundert nicht ungewöhnlich konsequent – auch im Vergleich zu den Angaben, die Rheinbergers Lehrer und späterer Freund Johann Georg Herzog im Kapitel „Über Registrieren" seiner *Orgelschule*[44] macht: Noch Herzog verzichtet etwa auf einen 16' im zweiten Manual, und seine Vorliebe für die 4'-Zunge ohne (!) 8' ist wie die Mixtur im Pedal für den Orgelbau in der zweiten Hälfte des 19. Jahrhunderts nicht anders als anachronistisch zu nennen[45].

Der Zusammenhang mit dem Orgelsatz Rheinbergers besteht vor allem in der Bevorzugung der Achtfußregister – mit der übergewichtigen Anzahl von 18 8'-Registern, dazu acht 16'-Registern (und einem 32'-Untersatz) erreichte die Orgel in St. Michael einen betont grundtönigen Klang, der gerade für einen durchhörbaren Streichquartettsatztypus wie oben beschrieben unbedingt erforderlich ist: Nicht umsonst charakterisiert Rheinberger in den Trios op. 49 nur Registermischungen („Sanfte Register", „Zarte Register", „Helle Register" etc.), ohne Stellung zu einer eventuellen Manualaufteilung zu geben. So wie die Trios op. 49 und 189 zum größten Teil auf einem Manual mit Pedal ausführbar sind, war der „gerundete Klang" der Rheinberger-Orgel in der Münchner St. Michael-Hofkirche ideal für die Ausführung des Streichquartett-Idioms vor allem in Rheinbergers drei letzten Sonaten. Hervorzuheben ist allerdings, daß Rheinbergers Werke nicht primär für diese Orgel enstanden (mögen sie auch unter seinen Händen sicherlich darauf erklungen sein): Vielmehr ist der umgekehrte Weg der verständliche – Rheinberger disponierte die Orgel, um seine Sonaten klanglich angemessen interpretieren zu können. Rheinberger schrieb sein Spätwerk darüber hinaus sicherlich nicht für ein bestimmtes Instrument. Daß die Disposition der Münchner Orgel sogar inspirierend auf Rheinberger gewirkt haben könnte, ist zu bezweifeln, zu treu ist der Komponist der eigenen Stilistik und Idiomatik geblieben, die für sein Orgelsonatenschaffen schon seit der zweiten Sonate konstitutiv war:

---

[43] Zitiert nach Wanger und Irmen, *Briefe und Dokumente*, Bd. VI, S. 194

[44] Johann Georg Herzog, *Orgelschule. Eine theoretisch-praktische Anleitung zur gründlichen Erlernung des kirchlichen Orgelspiels. Zum Gebrauch in Musikschulen, Seminarien, Präparanden-Anstalten sowie zum Selbstunterricht*, Erlangen und Leipzig 1867 ff.; vgl. Busch, *Orgeldisposition und Orgelregistrierung*, S. 139-142.

[45] Vgl. ebd., S. 140.

"Wenn auch später vom Klassizismus beeinflußt, blieb ich doch in meiner besten Arbeitszeit der Romantik treu – es sind doch die Jugendeindrücke bestimmend"[46].

---

[46] Rheinberger in einem Brief an Henriette Hecker, Berlin, vom 7.9.1900, zitiert nach Irmen, *Rheinberger*, S. 71.

Verfasser und Herausgeber

Univ.-Professor Dr. **Hans-Josef Irmen** ist Inhaber des Lehrstuhls für Musik und ihre Didaktik an der Universität Essen mit dem Schwerpunkt Historische Musikwissenschaft. Er gründete und leitete 1974 bis 1984 die Internationalen Musikkurse Kloster Steinfeld und dirigierte 1976 bis 1986 den Bachverein Düsseldorf; außerdem wirkte er 1978 bis 1984 als Vorsitzender der Arbeitsgemeinschaft für rheinische Musikgeschichte. Schwerpunkte seiner Arbeit 1970 bis 1985 sind Arbeiten über Rheinberger und Humperdinck, seit 1985 vor allem Forschungen zur Wiener Klassik, darunter eine Neufassung von Mozarts „Requiem" sowie die Buchpublikationen *Mozart – Mitglied geheimer Gesellschaften* und *Beethoven in seiner Zeit*. Zu seinen zahlreichen Publikationen zur Musikgeschichte des 18. und 19. Jahrhunderts gehört auch eine Rekonstruktion der „Markus-Passion" von Johann Sebastian Bach.

Susan Lempert wurde 1968 in Lübeck geboren und erhielt ab dem sechsten Lebensjahr Klavierunterricht. Nach dem Abitur am Johanneum zu Lübeck studierte sie von 1989 bis 1994 an der Musikhochschule Lübeck Klavier (bei Prof. Bernd Zack und Prof. Konrad Elser) und Musiktheorie (bei Prof. Dr. Aloyse Michaely) und beendete diese Studien 1994 mit dem Diplom. Von 1993-97 Studium der Historischen Musikwissenschaften mit den Nebenfächern Theologie und Philosophie an der Universität Hamburg. Zur Zeit Promotion (bei Prof. Dr. Hans-Joachim Marx) mit einer Dissertation über den franko-flämischen Komponisten Matthaeus Pipelare (ca. 1450-1515).
Susan Lempert ist seit 1994 Lehrbeauftragte für Musiktheorie, Werkanalyse und Gehörbildung an der Musikhochschule Lübeck und seit dem Wintersemester 2000/2001 auch an der Hochschule für Musik und Theater Rostock tätig. Von 1997-2000 unterrichtete sie neben ihrer privaten Unterrichtätigkeit Klavier und Musiktheorie auch an der Musikschule Lübeck.

Matthias Schlothfeldt wurde 1968 in Eutin geboren. Er war Jungstudent an der Musikhochschule Lübeck und studierte instrumentale und elektronische Komposition, Musiktheorie und Gitarre an der Folkwang Hochschule Essen. Er lebt als freischaffender Komponist, Gitarrist und selbständiger Musikerzieher in Köln, außerdem ist er Lehrbeauftragter für Tonsatz und Analyse an der Hochschule für Kirchenmusik der Evangelischen Landeskirche von Westfalen in

Herford. Er erhielt 1. Preise im Kompositionswettbewerb „Weimar 1945",
der anläßlich der 50-jährigen Befreiung des KZ Buchenwald
ausgeschrieben wurde, und im „Gustav Mahler Kompositionspreis 1999"
der Stadt Klagenfurt.

Professor Dr. **Matthias Schneider** ist Professor für Kirchenmusik (mit
Schwerpunkt Künstlerisches Orgelspiel und Improvisation) an der Ernst-
Moritz-Arndt-Universität Greifswald. Schneider leitet die „Greifswalder
Sommerakademie Orgel", die er 1996 ins Leben rief, und ist in gleicher
Weise als Interpret und Musikwissenschaftler gefragt. Zentraler
Gegenstand seiner Aktivitäten in Forschung und Aufführung ist die
Musik des 17. und 18. Jahrhunderts für Tasteninstrumente. Neben der
Barockmusik trat er ebenso mit (Ur-)Aufführungen neuer Musik als
Solist und in verschiedenen Ensembles auf. Vorträge,
Werkeinführungen, Gesprächskonzerte und Interpretationskurse haben
in seiner Arbeit ebenso ihren festen Platz wie die regelmäßige
Teilnahme an Musikfestivals (z. B. Israel-Festival, Thüringer Orgel-
sommer, Vendsyssel-Festival u.a.m.) und die Tätigkeit als Juror.
Schneider studierte an Musikhochschulen und Universitäten in Münster,
Essen (Folkwang Hochschule) und Basel (1984 A-Examen für Kirchen-
musik, 1992 lic. phil. Musikwissenschaft, 1995 Promotion) und besuchte
zahlreiche Meisterkurse. Von 1984 bis 1993 wirkte er als Bezirkskantor
in Schopfheim (Südbaden) und als Musikwissenschaftler an der
Universität Basel. Von 1989 bis 1995 leitete er eine Orgelklasse an der
Hochschule für Kirchenmusik in Heidelberg. Neuere Veröffentlichungen:
Buxtehudes Choralfantasien. Textdeutung oder phantastischer Stil?
(Bärenreiter, Kassel 1997), *Ad ostentandum ingenium, & abditam
harmoniae rationem. Zum Stylus phantasticus in der Tastenmusik des
17. Jahrhunderts* (Basler Jahrbuch für Historische Musikpraxis XXII,
1998), CD *Johann Sebastian Bach? Orgelmusik, die unter Bachs
Namen überliefert ist* (Silbermann-Orgel Glauchau; ambitus, Hamburg
2000). Edition der Tastenmusik von Paul Siefert (in Vorbereitung).

Dr. **Birger Petersen-Mikkelsen** wurde 1972 in Lübeck geboren und
1987 in die Vorschule der Musikhochschule Lübeck mit den Fächern
Klavier (bei Prof. Inge-Susan Römhild) und später Komposition (bei
Prof. Roland Ploeger) aufgenommen. 1992-1996 studierte er
Komposition, elektronische Komposition und Musiktheorie (Diplome
1996 und 1997) an der Musikhochschule Lübeck und 1996-2000
Musikwissenschaft, Theologie und Philosophie an der Christian-
Albrechts-Universität Kiel (Promotion 2001).

Sein kompositorisches Schaffen wurde bereits mit mehreren Preisen ausgezeichnet, so mit dem Europäischen Kulturpreis der Terminbörse Amsterdam, dem Kunstpreis Cloppenburg und dem Kulturpreis des Kreises Ostholstein. Birger Petersen-Mikkelsen ist seit April 1995 Kantor und Organist an der ev.-luth. Friedenskirche Eutin-Neudorf. Seit 1997 ist er als Lehrbeauftragter für Musiktheorie, Werkanalyse und Gehörbildung an der Hochschule für Musik und Theater Rostock tätig, seit 2000 auch am Institut für Kirchenmusik und Musikwissenschaft der Ernst-Moritz-Arndt-Universität Greifswald und an der Hochschule für Künste Bremen. Jüngste Veröffentlichungen: *Zur Aktualität der Ästhetischen Theorie Theodor W. Adornos und ihrer Vorbereitung in der Philosophie der neuen Musik*, in: Wolfgang Martin Stroh und Günter Mayer (Hg.), *Musikwissenschaftlicher Paradigmenwechsel? Zum Stellenwert marxistischer Ansätze in der Musikforschung*, Oldenburg 2000 (Kongreßbericht Oldenburg 1999); *Adorno, Amfortas und der Klang im* Parsifal. *Ein Beitrag zur Erforschung der durmolltonalen Krise bei Wagner*, in: Ulrich Konrad und Egon Voss (Hg.), *Der Komponist Richard Wagner*, i. Vorb. Kassel 2002 (Kongreßbericht Würzburg 2000); *Die Melodielehre des „Vollkommenen Capellmeisters" von Johann Mattheson. Eine Studie zum Paradigmenwechsel in der Musiktheorie des 18. Jahrhunderts*, Eutin 2002 (Eutiner Beiträge zur Musikwissenschaft Band 1).

KMD **Martin West** wurde 1951 in Berlin geboren und studierte Kirchenmusik, Schulmusik und Musikwissenschaft in Freiburg / Breisgau. Ein Stipendium ermöglichte ihm weiterführende Studien an der Southern Methodist University in Dallas (USA): Orgel bei Robert Anderson, Cembalo bei Larry Palmer. Meisterkurse bei Marie-Claire Alain, F. L. Tagliavini u.a. vervollständigten seine musikalische Ausbildung. Seit 1983 wirkt er als Kantor und Organist an St. Michaelis in Eutin, seit 1988 ist er Lehrbeauftragter der Musikhochschule Lübeck. Im Jahr 1995 wurde er zum Kirchenmusikdirektor ernannt. Rundfunk- und Tonträgeraufnahmen, Konzerte in Europa, USA und Japan.

EUTINER BEITRÄGE ZUR MUSIKFORSCHUNG
herausgegeben von Birger Petersen-Mikkelsen und Martin West

Band 1
Birger Petersen-Mikkelsen
Die Melodielehre des Vollkommenen Capellmeisters Johann Mattheson. Eine Studie zum Paradigmenwechsel in der Musiktheorie des 18. Jahrhunderts
Eutin 2002, ISBN 3-8311-3484-7.   VIII + 312 S., 20.- €

Band 2
Birger Petersen-Mikkelsen und Martin West (Hg.)
Gabriel Josef Rheinberger und seine Zeit.
Die Referate des Symposions im Rahmen der 15. Internationalen Orgelwochen Eutin 2001.
Beiträge von Hans-Josef Irmen, Susan Lempert, Matthias Schlothfeldt, Matthias Schneider und Birger Petersen-Mikkelsen.
Eutin 2002, ISBN 3-8311-3873-7.   X + 106 S., 12.- €

Band 3
Roland Ploeger
Studien zur systematischen Musiktheorie.
mit einem Nachwort von Michael Töpel.
1990 / 2., neu bearbeitete und ergänzte Auflage 2001.
Eutin 2002, ISBN 3-8311-3874-5.   II + 178 S., 16.- €

Band 4
Birger Petersen-Mikkelsen und Axel Frieb-Preis (Hg.)
Kirchenmusik und Verkündigung – Verkündigung als Kirchenmusik. Zum Verhältnis von Theologie und Kirchenmusik.
Die Referate des im Oktober 2001 vom Nordelbischen Landesverband Evangelischer Kirchenmusikerinnen und Kirchenmusiker in Deutschland veranstalteten Symposions
mit Beiträgen von Axel Frieb-Preis, Hans-Joachim Günther, Bertold Höcker, Traugott Koch, Birger Petersen-Mikkelsen, Reiner Preul, Uwe Röhl, Henrich Schwerk, Thomas Vogel und Hans-Jürgen Wulf
Eutin 2002, i. Vorb.

„Ob ich mitmachen will?
Na klar. Als Mitglied meiner
Bank kann ich mitentscheiden
und mitgestalten.
Und mitverdienen."

**Wir machen
den Weg frei**

www.vbeutin.de

Volksbank Eutin